KB203275

가만히
마음을
쓰다듬는

가만히
마음을
쓰다듬는

초판 1쇄 인쇄   2024년 5월 30일
초판 1쇄 발행   2024년 6월   7일

지은이   동명
발행인   원명
편집인   각운

대표   남배현
본부장   모지희
편집   김옥자 손소전
디자인   정면
경영지원   허선아
등록   2006년 12월 18일 (제2009-000166호)

펴낸곳   모과나무
주소   서울시 종로구 삼봉로 81 두산위브파빌리온 1308호
전화   02-720-6107
전송   02-733-6708
이메일   jogyebooks@naver.com
구입문의   불교전문서점 향전(www.jbbook.co.kr) 02-2031-2070~1

모과나무는 (주)조계종출판사의 단행본 브랜드입니다.
지혜의 향기로 마음과 마음을 잇습니다.

가만히

마음을
쓰다듬는

동명 스님의 시에서 삶 찾기

동
명

모과
나무

시를 산다는 것은

중앙승가대에서 살고 있을 때 조계종출판사 남배현 대표님과 모지희 본부장님이 찾아왔습니다. 그 인연으로 《조용히 솔바람 소리를 듣는 것》을 펴내게 되었으니, 그것만으로도 2020년 어느 봄날은 제게 참 축복과 같은 날이었습니다. 그날을 더욱 큰 축복으로 만든 것은 모지희 본부장님의 다음과 같은 제안 덕분이었습니다.

"제가 매일 카카오톡을 통해 시 한 편씩 배달하고 있는데, 스님께도 보내드리겠습니다."

그렇게 해서 매일 시 한 편씩을 배달받았습니다. 시를 읽다 보니 참 좋아서 몇 마디 감상을 '생활불교' 밴드에 적었습니다. 밴드에 올라온 감상평을 보고 공감해주는 사람이 많아져서, 언제부턴가는 매일 한 편씩 감상평을 올렸습니다. 그러기를 몇 년이었으니, 제가 감상평을 올린 시만 해도 천 편이 넘을 것 같습니다. 모지희 본부장님이 보내주신 시가 마음에 들지 않거나, '생활불교' 밴드에 올리기 적당하지 않다고 느낄 때는 계절에 맞는 시를 찾아서 올리기도 했습니다.

　매일 올리다 보니 그것을 읽기 힘들었던 친구가 일주일에 세 편 정도만 올리는 것이 어떻겠냐고 제안했습니다. 너무 많아도 귀하게 느껴지지 않을 것 같기도 해서, 그 뒤로는 매일 올리겠다는 마음은 접고, 마음이 동할 때만 시를 선택하여 감상평을 올렸습니다. 그것마저 불광사에 온 뒤로는 많이 뜸해졌습니다.

　이 책의 감상평은 힘주어 쓴 글이 아닙니다. 거의 즉흥적으로 썼습니다. 짧은 시간에 단숨에 써 내려간 것이 대부분입니다. 병원에서 진료를 기다리다가 스마트폰으로 쓴 것도 여러 편입니다. 그런 만큼 정교한 사유보다는 단편적인 감상인 경우가 많습니다.

　이 글들을 쓰면서 저는 몇 가지 삶의 원칙이 생겼습니다.

　첫째, 시를 살기로 했습니다. '시를 산다는 것'은 삶 속에서 시를 발견하면서 산다는 뜻입니다. 우리 삶 속에는 늘 시가 숨

쉬고 있습니다. 삶 속에 담겨 있는 시를 정의하기란 쉽지 않습니다. 세상의 수많은 시 속에 담긴 일상을 가만히 보면 특별한 것이 아닙니다. 모두 우리가 일상에서 경험하는 것입니다. 일상에서 경험하지 않는 것이라면 우리가 공감하지도 않을 것입니다. 시를 열심히 쓰겠다는 것이 아니라, 일상에 담겨 있는 시를 발견하면서 살겠다는 다짐입니다.

둘째, 매사에 여유를 가지기로 했습니다. 저는 늘 잘해보겠다는 의지가 강했습니다. 욕심은 많지만 게을러서 실제로 열심히 노력하지는 않았습니다. 잘해보겠다는 의지는 강한데, 잘하기 위해 차근차근 실력을 쌓아올리지 않다 보니 시험일이나 결전일이 닥치면 바빴습니다. 일상생활에 직접적인 도움이 되지 않는 시를 매일 감상하려면 여유가 있어야 합니다. 출가자로서 바쁘게 서두른다고 해서 거두어야 할 성과는 특별히 없습니다. 예불과 법문 같은 똑같은 일을 꾸준히 반복할 뿐입니다. 특별히 거둘 성과가 없는데도 잘하려는 욕심은 여유를 앗아갑니다. 욕심을 버리고, 너무 잘하려는 마음을 버리고, 매사에 여유를 갖겠습니다.

셋째, 수행에 도움이 되는 일만 하기로 했습니다. 수행에 도움이 된다는 것은 계정혜戒定慧 3학學을 닦는 데 이롭다는 뜻입니다. 바르게 생활하는 데 초점을 맞추겠습니다. 바른 생활을 바탕으로 마음을 늘 고요하게 유지하겠습니다. 고요한 마음을 바탕으로 지혜를 닦겠습니다. 바른 생활, 고요한 생활, 슬기로운 생활에 도움되지 않는 것은 과감하게 포기하겠습니다.

넷째, 솔직해지기로 했습니다. 출가 전에는 하기 싫은 일도 체면 때문에 하는 경우가 많았고, 앞으로 활동하는 데 도움이 될 것 같아서 억지로 하는 일도 많았습니다. 출가 후에도 그런 일들은 많습니다. 이제는 하고 싶지 않은 일은 손해가 되더라도 과감하게 포기하겠습니다. 개인이 아니라 사찰, 또는 종단을 위해 해야 하는 일이라면 그 일이 즐거울 수 있도록 스스로를 잘 설득할 것이고, 그렇게 설득해도 마음이 돌아서지 않을 경우에는 과감하게 하지 않겠습니다.

인생은 길지 않습니다. 체면치레로 살지 않고, 일시적인 이익이 된다 하여 하고 싶지 않은 일을 억지로 하지 않고, 매사에 시를 느끼면서, 여유를 갖고, 수행에 도움 되는 일만 하면서, 솔직하게 살겠습니다. 그것이 제가 시를 사는 방법입니다.

이 책은 모지희 본부장님과 편집자이신 김옥자 선생님 덕분에 탄생합니다. 특히 김옥자 선생님은 천 편이 넘는 시 중에서 52편을 골라 이 시의 주제에 걸맞게 정갈하게 정리하셨습니다. 두 분께 엎드려 감사의 인사 올립니다.

저는 시를 통해 행복합니다. 이 책을 읽는 모든 분들도 시를 통해 행복하시길 기원합니다.

마하반야바라밀!

불기 2568년(공력 2024년) 5월

동명 합장

차례

일러두기

· 이 책에 실린 시는 원작 시집을 그대로 따랐습니다. 맞춤법, 띄어쓰기 원칙 또한 각
  각의 원작을 따랐습니다.
· 원작에 한자만 표기한 경우 작은 글씨로 한글을 병기하였습니다.
· 책이나 작품집은《 》, 개별 작품은〈 〉를 사용하였습니다.

1
장

풍경에
밑줄을
긋다

그리운 나무

정희성

나무는 그리워하는 나무에게로 갈 수 없어

애틋한 그 마음 가지로 벋어

멀리서 사모하는 나무를 가리키는 기라

사랑하는 나무에게로 갈 수 없어

나무는 저리도 속절없이 꽃이 피고

벌 나비 불러 그 맘 대신 전하는 기라

아아, 나무는 그리운 나무가 있어 바람이 불고

바람 불어 그 향기 실어 날려 보내는 기라

초등학교 2학년 때 국어 교과서에 나무가 누워서 자는 그림이 있었습니다. 어린아이가 보기에 나무가 하루 종일 서 있는 것이 안타까워서 나무를 눕혀주어 쉬게 하고 싶은 마음을 그린 그림이었지요. 선생님께서 그 그림을 보고 질문하셨습니다.

"이렇게 나무를 눕혀서 재워줄 수 있는 사람을 뭐라고 하죠?"

그때 제가 대답했습니다.

"시를 쓰는 사람이요."

저는 그때 '시'는 알았고, '시인'은 몰랐던 것 같습니다. 선생님께서 말씀하셨지요.

"예. 맞습니다. 시를 쓰는 사람을 다른 말로 '시인'이라고도 한답니다."

이때부터 저의 꿈은 '시인'이 되었답니다. 그래서 다른 사람이 보기에는 너무도 쉽게 시인이 되었는데, 사실상 별 볼 일은 없습니다.

정희성 시인은 나무가 나뭇가지를 뻗는 것은 다른 나무를 사모하는 마음을 표현하기 위한 것이라네요. 사랑하는 나무에게로 갈 수 없어 꽃을 피우고, 벌 나비를 불러서 그 맘을 전하는 것이라네요. 그리운 나무가 있어 바람이 부는 것이고, 그 바람 따라 향기를 실어 보내는 것이라네요. 어쩌면 이렇게 어린애 같은 마음을 가져보는 것이 시인인지도 모르겠습니다.

시인은 시인만이 되는 것이 아닙니다. 누구나 다 시인이 되어야 합니다. 전문가로서의 시인일 필요는 없습니다. 마음속에 시를 품을 수 있다면 그것으로 충분합니다. 우리 삶의 이유(목적) 중 하나가 바로 시를 발견하는 것이기 때문입니다.

오늘은 모두 시인이 되어봅시다.

오래된 기도

이문재

가만히 눈을 감기만 해도
기도하는 것이다.

왼손으로 오른손을 감싸기만 해도
맞잡은 두 손을 가슴 앞에 모으기만 해도
말없이 누군가의 이름을 불러주기만 해도
노을이 질 때 걸음을 멈추기만 해도
꽃 진 자리에서 지난 봄날을 떠올리기만 해도
기도하는 것이다.

음식을 오래 씹기만 해도
촛불 한 자루 밝혀놓기만 해도
솔숲 지나는 바람 소리에 귀기울이기만 해도
갓난아기와 눈을 맞추기만 해도
자동차를 타지 않고 걷기만 해도

섬과 섬 사이를 두 눈으로 이어주기만 해도

그믐달의 어두운 부분을 바라보기만 해도
우리는 기도하는 것이다.
바다에 다 와가는 저문 강의 발원지를 상상하기만 해도
별똥별의 앞쪽을 조금 더 주시하기만 해도
나는 결코 혼자가 아니라는 사실을 받아들이기만 해도
나의 죽음은 언제나 나의 삶과 동행하고 있다는
평범한 진리를 인정하기만 해도

기도하는 것이다.
고개 들어 하늘을 우러르며
숨을 천천히 들이마시기만 해도.

"가만히 눈을 감기만 해도 / 기도하는 것이다." 이 한 문장으로 이 시는 이미 완성되었습니다. 이 말은 우리의 행위 하나하나가 실질적으로 모두 기도라는 의미를 담고 있습니다. 행위는 다른 말로 업(業, 산스끄리뜨어 karma). 업은 우리의 모든 행위가 독립된 실체가 아니며, 항상 어떤 결과로 이어진다는 의미를 담습니다.

가만히 눈을 감는 것이 기도이듯이, 아주 사소한 행위도 기도입니다. 예를 들면, 왼손으로 오른손을 감싸는 것, 맞잡은 두 손을 가슴 앞에 모으는 것, 노을이 질 때 걸음을 멈추는 것, 꽃 진 자리에서 지난 봄날을 떠올리는 것이 모두 기도이지요. "나무 병에 우유를 담는 일, 꼿꼿하고 살갗을 찌르는 밀 이삭들을 따는 일"과 같은, 프랑시스 잠이 〈위대한 것은 인간의 일들이니〉에서 노래한 '위대한 행위'일 필요가 없습니다. 나는 인간의 모든 위대한 일들을 포함하여, 심지어는 사악한 행위까지도 일종의 기도라고 생각합니다. 예를 들어, 금고털이가 금고의 비밀을 캐내어 금고를 열기 위해 심호흡을 하는 순간, 그는 "이 금고가 잘 열리기를" 하고 기도하는 것입니다.

우리는 여기서 '좋은 기도'와 '나쁜 기도'가 있을 수 있음을 유의해야 합니다. 나와 세상을 이롭게 하는 기도를 올려야 하는데, 자칫 나와 세상을 해롭게 하는 기도를 올릴 수가 있는 것이지요. 나를 비판한 사람을 향해 "더럽게 재수 없네"라고 말했다면, 나는 내게도 해롭고 상대에게도 해로운 기도를 올린 셈입니다. 화가 나서 남의 집에 불을 질렀다면, 내게도 해롭고 세상에도 해로운 무시무시한 기도를 올린 것이고요.

이 시에서 묘사한 행위 중에는 나와 남과 인간과 세계를 해롭게 하려는 것은 없습니다. 그것들은 모두 우리들 마음을 쓰다듬는 아름다운 행위들입니다. 섬과 섬 사이를 두 눈으로 이어주는 사람, 생각만 해도 미소가 지어지지요. 그믐달의 어두운 부분을 바라보는 사람, 그는 시를 쓰지 않아도 시인일 것 같습니다. 바다에 다 와가는 저문 강의 발원지를 상상하는 사람, 그가 누구든 이미 시인입니다.

중요한 것은 "나는 결코 혼자가 아니라는 사실을" 받아들이고, "나의 죽음은 언제나 나의 삶과 동행하고 있다는" 진리를 인정하고, 바르게 생각하고 행동해야 한다는 것입니다. 누군가를 저주하거나 미워하는 마음을 가져서는 안 되며, 화가 나서 돌부리를 함부로 차거나, "아이, 힘들어 죽겠다" 같은 말도 해서는 안 됩니다. 저주나 미움, 세상에 대한 분노, 힘들어서 내뱉는 탄식 등이 기도가 되어서는 안 되기 때문입니다.

명심해야 합니다. 모든 행위가 곧 기도이므로 모든 행위에 따뜻한 마음이 함께할 수 있도록 정진하는 것, 그것이 곧 수행임을.

늦깎이

전영관

어디에 앉혀놔도 등신이었지만
시라는 거울 앞에 서면
척추가 휘어진다

초대장도 없이 잔치 구경 간 실업자같이
기웃거리는 습성을 대인 관계라 착각했다

사람을 넓혀야 한다고 욕심부리다가
기념사진의 병풍 노릇까지 해봤다

감기 걸렸다고 이불이나 탓하는 얼뜨기여서
타인의 재능을 노력으로 메우려 헛발질했다

비굴은 치욕을 성형한 생필품

재촉하는 이 없는데 결승선 같은 것 없는데
지각한다는 느낌에 시달렸다

알았던 노래의 2절처럼
모임마다 가벼운 낯설음으로 채워졌다

웃더라도 타인들이 내 행복을 시기하지 못하도록
최초의 미소를 만들고 싶다
아무도 모르는 웃음소리를 내보고 싶다

등신이라며 자책했다
또다른 등신들을 보는 눈이 생겨서 안도했다
타인의 불행을 과장해서 내 불행을 지우는
비법도 알게 되었다

거듭하다보면 슬픔도 태도가 된다

늦깎이는 불교에서 나온 용어입니다. 나이 들어 출가한 사람을 '늦깎이'라고 하지요. 그것이 보편화되어서 어떤 분야에서건 늦게 출발한 사람을 칭하는 용어가 되었습니다.

하지만 '늦깎이'는 없습니다. 무엇을 기준으로 이르다, 늦다 하겠습니까? 출가를 발심한 그 순간이 출가하기에 가장 적절한 시간입니다. 부처님께서 반열반하시는 날 출가한 수밧다의 나이는 120세였습니다.

"외도가 출가할 경우에는 4개월의 견습기간이 있습니다. 그래도 출가하시겠습니까?"

"일반적으로 4개월의 견습기간이 필요하다면, 저는 4년의 견습기간을 갖겠습니다."

부처님은 4년의 견습기간을 감수하겠다는 수밧다에게 바로 구족계를 주셨고, 수밧다는 오래지 않아 아라한의 과위를 증득했습니다.

이 시에서 늦깎이는 시인으로서 늦게 출발했다는 의미로 생각할 수도 있지만, 늦게야 '세상'을 제대로 알게 되었다는 의미가 훨씬 강한 것 같습니다. '자기 발전'은 스스로를 제대로 파악하는 데서 출발합니다. 자신의 부족함을 스스로 알아차리는 것은 곧 자신이 발전할 수 있음을 말해줍니다.

"어디에 앉혀놔도 등신"이라는 표현은 좀 과한 것 같지만, 시의 화자는 그렇게 생각하고 있습니다. 특히 시 앞에 서면 눈은 높고 실력은 따라주지 않아서 '척추가 휠 정도로' 버겁습니다.

우리 인생이 그렇지요. 가끔은 얼굴이라도 비쳐야 한다고 생각하는 경우가 있지요. '얼굴 도장'이라고도 합니다. 영향력 있는 사람에게 얼굴이라도 보이는 것, 그것을 대인관계로 착각했다고 화자는 뉘우칩니다. 그러다 보니 "사람을 넓혀야 한다고 욕심부리다가 / 기념사진의 병풍 노릇까지 해봤다"고 합니다. 항상 뒤처진 것 같은 느낌에 사로잡힙니다. "재촉하는 이 없는데 결승선 같은 것 없는데 / 지각한다는 느낌에 시달렸다"는 것이지요.

이제 화자(시인)는 달라졌습니다. 화자는 "웃더라도 타인들이 내 행복을 시기하지 못하도록 / 최초의 미소를 만들고" 싶어졌습니다. 아무도 모르는 웃음소리를 내보고 싶어졌습니다. 더 이상 눈치 보지 않고 나의 목소리를 내보고 싶다는 소망, 내보겠다는 다짐으로 들립니다.

거듭하다 보면 '슬픔도 태도가 됩니다.' 그렇게 되지 않도록 자신감을 가집시다. 모든 사람이 똑같이 시를 잘 써야 하는 것은 아닙니다. 마찬가지로 모든 사람이 똑같이 말을 잘해야 하는 것도 아니고, 잘생겨야 하는 것도 아니고, 부유해야 하는 것도 아닙니다.

있는 그대로 우리는 훌륭합니다. 우리 삶 속에서 우리는 우리 삶에 가장 어울리게 생겼고, 그렇게 살고 있습니다.

부처님 말씀대로 "태산 같은 자부심을 가집시다." 그러나 또한 부처님 말씀대로 "누운 풀처럼 겸손해집시다."

강

이산하

모난 돌과 바위에
부딪혀 다치는 것보다
같은 물에 생채기
나는 게 더 두려워
강물은 저토록
돌고 도는 것이다.

바다에 처음 닿는
강물의 속살처럼 긴장하며
나는 그토록
아프고 아픈 것이다.

이산하 시인은 '강'을 지극히 인간적인 관점에서 해석했습니다. 우리들은 우리와 완전히 다른 이들보다는 동질성이 많은 이들에게 상처받고 상처 주기도 합니다. 이를테면 생판 남보다는 자기 가족이나 직장 동료, 친구들에게 상처받는 경우가 더 많습니다.

이에 이산하 시인은 강물이 돌고 도는 것을, 같은 물끼리 서로 상처 주지 않기 위해 서로를 피하다 보니 돌고 돈다고 해석합니다. 아마도 시인 본인이 그러셨나 봅니다. 아주 가까운 이에게, 또는 동질감을 가장 많이 느끼는 이에게 오히려 상처받았다는 것이지요. 그러다 보니, 강물들이 서로 피해 주지 않기 위해 돌고 돌듯이 긴장하다 보니, 아프고 아팠다고 말합니다.

그렇습니다. 가만히 생각해보면 정말 별것 아닌 것에 우리는 상처받습니다. 그런 상처(번뇌)로부터 자유로워지기 위해 우리는 수행합니다. 자유롭게 행동해도 상처를 주거나 받지 않는 경지를 위해 수행하는 것입니다.

내 마음이 그렇게 남에게 상처 줄까 봐 상처받을까 봐 긴장하고 있다는 것을 느끼셨다면, 그것은 발전의 조짐입니다. 내 마음이 어떤 상태인지를 알아차리는 것으로부터 수행이 시작되니까요.

오늘은 강물같이 돌고 도는 내 마음을 차분히 들여다봅니다.
그리고 내 마음에게 위로의 손길을 전합니다.
괜찮다, 고맙다, 오늘 하루 자애로움 속에서 평안하기를!

매미

도종환

누구에게나 자기 생의 치열하던 날이 있다
제 몸을 던져 뜨겁게 외치던 소리
소리의 몸짓이
저를 둘러싼 세계를
서늘하게 하던 날이 있다

강렬한 목소리로 살아 있기 위해
굼벵이처럼 견디며 보낸 캄캄한 세월 있고
그 소리 끝나기도 전에 문득 가을은 다가와
형상의 껍질을 벗어 지상에 내려놓고
또다시 시작해야 할 가없는 기다림
기다림의 긴 여정을 받아들여야 하는 순간이 있다

여름에는 거의 한시도 쉬지 않는 소리가 있습니다. 매미 소리입니다. 어느 곳을 가나, 나무 몇 그루만 있어도 어김없이 매미가 웁니다. 매미가 끊이지 않고 울다 보니, 매미 소리는 마치 없는 것같이 느껴질 때도 있습니다. 매미 소리와 함께 살고 있는 여름철, 도종환 시인의 시 〈매미〉 다시 읽어봅니다.

시인의 말처럼, 누구에게나 치열했던 날이 있지요. 무엇을 위해 그리 치열하게 싸웠던가? 그 싸움의 세월을 시인은 "강렬한 목소리로 살아 있기 위해 / 굼벵이처럼 견디며 보낸 캄캄한 세월"이라고 표현합니다.

싸우지 않았다면 매미처럼 목청껏 외치기만 했던 이도 있을 수 있고, 그것도 아니어서 혼자서만 울었던 이도 있습니다. 그러다가 모순도 받아들여야 할 때, 그 모순까지도 편안해질 때도 있는 것 같습니다. 그 순간이 바로 매미가 허물을 벗을 때가 아닌가 싶습니다. 그리고는 새로운 여정이 시작되기를 기다립니다.

치열하게 싸우건, 매미처럼 울부짖기만 하건, 속으로 울음을 삼키건, 어떤 경우에도 비굴해지지 않고 편안해질 수 있는 가르침이 바로 불법이라고 생각합니다. 문제가 생기면 부처님께 여쭤봅니다. 이 경우에는 어떻게 살아야 합니까? 부처님께서는 항상 가장 합리적으로 가르쳐주십니다.

적멸

깃든 벌레를
오색딱따구리가 파먹고는
숨통 같은 구멍을 내놓자,
표고버섯이 부풀어올랐다
흉한 고사목에 넌출지며 감아든
보랏빛 칡꽃도 얼크러지고
그 나무 밑 감춰둔 상수리 한 알을
입에 문 채 죽은 청설모의
육탈된 흰 머리뼈 틈새로
참나무 움이 여릿하였다
어떤 죽음이든 어떤 삶이든 유목의
먼 북방 대륙에서나 보이던 생몰의 조화가
예서 몇 발자국 안 떨어진,
내가 사는 집 근경의 산발치에서도
번번히 목격되었다

언젠가 어떤 스님이 서서 나뭇가지를 꺾다가 그 자세 그대로 원적에 들었다는 얘기를 들었습니다. 그야말로 삶과 죽음의 경계가 종이 한 장도 안 된다는 것을 보여주는 사례입니다. 저는 인도 다람살라의 코라(달라이라마 존자의 궁을 크게 한 바퀴 도는 순례길)에서 박제된 야크의 머리에 실담문자로 새겨진 '옴마니반메훔'이라는 글자를 보고, 죽음이 이렇게 친숙할 수도 있음을 깨달았습니다.

시인은 유목민의 나라를 여행하면서 동물들의 시체가 육탈되어 가는 모습을 보았나 봅니다. 시체가 잘 썩지 않는 건조한 나라에서는 오랫동안 분해되지 않고 그 모습 그대로 유지될 수 있고, 흔하게 시체를 볼 수 있어서, 죽음이 멀리 있지 않다는 것을 몸으로 체험하게 됩니다.

비옥한 우리나라에서 시체가 썩지 않고 방치되는 경우는 드물어서, 삶과 죽음이 둘이 아니라는 것을 적나라하게 보여주는 광경이 별로 없다고 생각했던 시인은 어느 날 깜짝 놀랍니다. 그런 풍경이 멀지 않은 곳에 심심치 않게 있었기 때문이지요. 딱따구리가 벌레를 쪼아먹기 위해 뚫어놓은 죽음의 현장에서 표고버섯이 얼굴을 내밀었고요, 칡넝쿨은 선 채로 육탈한 고목을 친친 감고 올라가 보랏빛 칡꽃을 흐드러지게 피웠습니다. 그 밑에서 상수리 한 알을 입에 문 채 청설모가 반열반에 들었는데, 청설모가 입에 문 상수리에서 싹이 터 오르고 있었습니다.

중요한 것은 이러한 장면에 시인이 '적멸寂滅'이라는 이름을 붙였다는 것입니다. 남의 죽음을 토대로 살아남아야 하는 생명의 몸부림에 왜 '적멸'이란 이름을 붙였을까요?《유마힐소설경維摩詰所說經》에 "번뇌가 곧 보리요, 생사가 곧 열반이다"라는 내용이 나옵니다. 번뇌를 없애려 하지 말고 번뇌의 에너지를 오히려 깨달음의 토대로 삼아야 하며, 생사윤회에서 벗어나려 하지 말고 생사윤회 속에서 지극한 평화를 찾으라는 가르침이지요.

　짐작건대, 시인의 작명에는 논리적인 이유보다는 직관적인 깨달음이 담겨 있는 것 같습니다. 시인이 보기에, 청설모가 죽을 때 입에 물고 있었던 상수리에서 참나무 싹이 오르는 모습이나, 고사목을 친친 감고 올라 피워 올린 칡꽃의 모습이 지극히 평화로웠던 것입니다. 치열하다면 치열하다 할 수 있는 생사의 현장을 묘사하면서 '적멸'이란 제목을 붙인 것은, 지극히 평화로운 열반의 터전이 따로 있지 않고 치열한 생사의 현장 바로 그곳에 있음을 자연스럽게 강조합니다.

　연말이면 우리는 또 새해에는 나쁜 일이나 시끄러운 일은 아예 없기를 바라고, 좋은 일만 가득하기를 바라며, 조용하고 평화로운 세상이 되기를 축원합니다. 그러나 나쁜 일이 있기 때문에 좋은 일도 있고, 시끄러운 곳이 있어서 조용한 곳의 소중함도 있는 것입니다.

　나쁜 일을 줄이기 위해 노력해야 하고, 조용하고 차분한 것을 추구해야 하지만, 온갖 악조건 속에서도 평화로울 수 있는 것, 시끄러운 광장에서도 조용하고 차분할 수 있는 것, 그것이야말로 진정한 열반이며, 우리가 가야 할 길입니다. 아울러, 번뇌의 에너지를 깨달음의 동력으로 삼아, 생사윤회의 한복판을 지극한 평화의 광장으로 만들어나가는 것은 우리 모두가 함께 추구해야 할 길입니다.

감

허영자

이 맑은 가을 햇살 속에선
누구도 어쩔 수 없다
그냥 나이 먹고 철이 들 수밖에는

젊은 날
떫고 비리던 내 피도
저 붉은 단감으로 익을 수밖에는—.

가을 햇살이 참으로 맑습니다. 정말 눈이 부시게 푸르른 날입니다. 맑은 가을 햇살을 맞이하는 시인의 마음도 한껏 무르익었습니다. 짧은 문장으로 시간과 계절과 인생과 우주를 정리했습니다.

"이 맑은 가을 햇살 속에선 / 누구도 어쩔 수 없다 / 그냥 나이 먹고 철이 들 수밖에는"

이 시어들 속에서 중심언어는 무엇일까요? 제게는 '맑은 가을 햇살'로 보입니다. 저 맑은 가을 햇살 앞에서 어떻게 나이 먹고 철들지 않을 수 있겠는가? 저는 이런 의미를 읽습니다.

여러분은 어떻게 읽으셨는지요?

가을을 대표하는 색깔은 무엇일까요? 푸른 하늘을 생각한다면 '파란색'일 수도 있고, 단풍을 생각한다면 '붉은색'일 수도 있겠습니다. 이 시는 단박에 두 색깔을 모두 아울러버렸습니다. 1연의 중심 색깔이 '파란색'이라면, 2연의 중심 색깔은 '붉은색'입니다.

농익은 단감 속에서 시인은 그 단감만큼 나이가 든 자신의 '피'를 떠올립니다. 이 시를 읽으면서 생각해보건대, 나이가 부정적인 것만은 아닙니다. 젊은 시절에는 떫고 비렸지만, 나이가 들어 붉은 단감이 되고 보니 달콤하기 그지없어졌으니까요.

오늘은 감을 보면서 시간을 섭취하는 것의 소중함을 생각해봅니다. 지금 이 순간에도 시간이, 세월이 만물을 충분히 성숙시키고 있음을 생각해봅니다. 그리고 나이 든 이의 아름다움을 생각해봅니다.

부왕사터에서

전영관

기단도 버젓한데 기둥 없다고

기와가 스러졌다고 공간까지 무너진 건 아닙니다

바람은 누대의 습성대로

추녀에 달려 있던 쇠붕어를 찾습니다

잔해를 헤치고 마루판까지 뜯어간 산촌 필부들도

쉽게 아궁이에 던지지는 못했을 일입니다

사천왕이 출타 중이니 승병인 양 불두화가

법당 협시를 지속합니다

동지까지는 달포도 남지 않았는데

초록 발심發心을 견지합니다

나의 문장은 삽날에 찍힌 뱀의 몸짓

계절병으로 흔들리다가 풍경에 밑줄을 긋습니다

구름이 백운대 이마를 훤하게 씻어놓았습니다

터라는 어휘는 과거형이면서

다가올 것에 대한 예감이기도 합니다

종결과 착수가 맞물리는 11월

폐업과 개업이 하나의 화환에 나란한 문구로 걸린 11월

끝까지 폐허라고 말하지 않은 까닭이
여기에도 있음을 부언하진 않겠습니다

폐사지! 한때 수많은 스님들이 예불 올리고, 밥을 짓고, 공양하고, 공부하고, 열띤 토론도 하고, 허허 웃으며 차도 마셨던 곳! 깨진 기왓장과 벽돌과 그릇 조각에서 옛사람의 체취가 물씬 풍기는 곳. 아, 이곳은 얼마나 많은 사람들의 눈물이 스며 있는 곳인가? 아, 이곳은 얼마나 많은 사람들의 사랑이 담겨 있는 곳인가?

폐사지에서 눈을 감으면 우리는 저절로 과거로 갑니다. 폐사지에서 귀기울이면 시간의 저쪽에서 선배들이 손짓하는 것이 보입니다. 다가가 그 손을 잡으려 하면 어느새 사라져버리는 폐사지!

부왕사 터는 북한산성 내에서 이제 대표적인 옛 절터가 되었습니다. 절터가 있을 리 없을 것 같은 깊은 골짜기, 참으로 아늑하면서도 의외로 드넓고 해맑은 곳에 부왕사 터가 있습니다. 약 300여 명의 스님들이 기거했으니 중흥사와 더불어 북한산성 내에서 가장 많은 수의 스님들이 주석한 곳이라 하겠습니다.

여러 개의 돌기단이 규칙적으로 배열되어 제법 큰 건물이 들어서 있었음을 알려주는 건물 터에 들어서면, 옛 스님들의 숨소리가 들리는 듯합니다. 돌기단에 앉아 명상하노라면, 옛 부왕사 누각에 앉아 있는 상상을 하게 되지요. 300여 명의 스님이라면 하루에 얼마나 많은 쌀이 필요했을까? 얼마나 많은 물이 필요했을까? 300여 명의 스님이 한꺼번에 들어갈 법당은 없었을 것 같은데, 예불은 어떻게 했을까? 목욕은 어떻게 했을까? 삭발은 어떻게 했을까? 그렇게 폐사지의 명상은 계속됩니다.

전영관 시인은 폐사지의 풍경을 서글픈 듯 익살스럽게 묘사합니다.

"사천왕이 출타 중이니 승병인 양 불두화가 / 법당 협시를 지속합니다"

시인이 부왕사 터를 방문한 것은 11월 말, 동지가 달포도 남지 않았을 때입니다. 그럼에도 불두화 이파리는 초록을 견지하고 있습니다. 불두화 이파리가 은근히 오래 초록을 유지하는가 봅니다.

"나의 문장은 삽날에 찍힌 뱀의 몸짓 / 계절병으로 흔들리다 풍경에 밑줄을 긋습니다"

시인의 문장이 '삽날에 찍힌 뱀의 몸짓'이라고 한 이유는 폐사지의 감회를 표현하기 힘들다는 뜻입니다. 그래서 계절병으로 흔들리다 풍경에 밑줄을 그을 뿐입니다.

부왕사 터를 얘기하면서 백운대를 얘기하지 않을 수 없습니다. 아주 깊은 곳에 들어왔다 싶은데, 부왕사 터에서는 북한산 정상 백운대가 훤하게 보입니다. 햇살 비치는 백운대의 모습은 그야말로 부처님의 광명과 같은 느낌입니다.

터라는 말을 자주 하다 보니, 그 터의 의미도 새겨보아야겠습니다. 시인은 '터'라는 어휘는 과거형이면서, 미래에 대한 예감이라고 합니다. 다시 말해 터는 과거에 절이었음을 표방하고, 미래에 어엿한 절이 될 것임을 말해준다는 것이지요.

글쎄요. 혹자는 폐사지는 당대에는 필요했으나 그 기능을 다한 것으로 보고, 복원을 꿈꿀 필요는 없다고 말하기도 합니다. 그래도 전영관 시인은 폐사지는 곧 복원될 것을 예감케 해준다고 긍정적으로 노래해주십니다.

11월, 12월도 마찬가지겠습니다. 시인은 폐업과 개업이 하나의 화환에 나란한 문구로 걸린 계절이라고 말합니다. 그렇지요. 올해의 폐업이자 내년의 개업이 이루어지는 시기이지요. 시인은 '터'라는 의미가 그렇다고 말합니다. '터'는 과거형이면서 미래형이기도 하기 때문에 끝까지 폐허라고 말할 수 없다는 것이지요.

저는 폐사지를 반드시 복원해야 한다고 주장하지는 않습니다. 다만 그 절의 복원이 현대에도 의미가 있다면 필요한 일이겠지요.

복원 여부를 떠나서 폐사지의 명상은 참으로 소중한 경험입니다. 그야말로 과거의 역사가 명상 속에서 복원되는 것이니까요.

빨래집게

박규리

빨랫줄의 빨래를 빨래집게가 물고 있다
무슨 간절한 운명처럼 물고 있다
이리저리 흔들리다가
어느 더러운 바닥에 다시 떨어져 나뒹굴지도 모를
지상의 젖은 몸뚱어리를 잡아 말리고 있다
차라리 이빨이 부러질지언정 놓지 않는
그 독한 마음 없었다면
얼마나 두려우랴 위태로우랴
디딜 곳 없는 허공
흔들리는 외줄에 빨래 홀로 매달려
꾸득꾸득 마르기까지

빨래집게가 있어 참으로 감사합니다. 빨래가 이리저리 바람에 날리면 얼마나 성가셨던지요. 어떤 때는 이웃집까지 날아가서 애써 찾아온 적도 있었지요.

어느 날 시장에서 빨래집게를 여러 개 사 와서 빨래를 넌 다음 빨래집게로 꼭 집어주었습니다. 그랬더니 세상 편해졌습니다. 빨래 날아갈 일 없으니, 바람 부는 날 빨래를 널어놓아도 아무 염려 하지 않아도 되었지요.

빨래집게는 빨래를 무슨 간절한 운명처럼 물고 있지 않습니다. 그냥 생긴 대로 주어진 역할을 할 뿐입니다. "지상의 젖은 몸뚱어리를 잡아" 말려주는 일, 참 작은 일일 수 있지만, 아주 긴요한 일이기도 하기에, 기꺼운 마음으로 임무에 충실할 뿐입니다.

"차라리 이빨이 부러질지언정 놓지 않는 / 그 독한 마음" 아닙니다. 빨랫줄에 매달려 있는 게 저의 일이니, 빨래가 있으면 빨래를 잡고, 없으면 줄만 잡고 있지요. 그러다 어느 날 바람에 풍화되고 세월에 산화되고 햇살에 부서지겠지만, 우리는 어떤 집착도 없습니다.

집착은 우리가 잡고 있는 빨래를 잃을까 걱정하는 인간에게 있겠지요.

우리는 함께 살아가고 있습니다. 그 인연에 감사합니다.

古寺고사 1

조지훈

木魚목어를 두드리다
졸음에 겨워

고오운 상좌아이도
잠이 들었다.

부처님은 말이 없이
웃으시는데

西域서역 萬里만리ㅅ길

눈부신 노을 아래
모란이 진다.

목어를 두드리다 상좌 스님은 잠이 들었습니다. 부처님은 말이 없이 미소 지으시고, 은사 스님은 "고놈 참" 하고, 혼자서 예불을 모십니다.

서녘 하늘에선 노을이 상상의 나라를 건설하고 있습니다. 상상의 나라 건설 현장에서 발생한 망치 소리가 까마귀 울음이 되어 울려 퍼지자 겨우 목숨을 지탱하던 모란꽃이 툭 바닥으로 떨어집니다.

이러한 늦은 봄, 부처님오신날도 지나고, 마음이 부드러운 봄바람에 조을고, 행복이 우리 몸과 마음의 넉넉함 속에 열매를 만들어가고 있습니다.

조지훈 시인은 어디서 이런 절집 풍경을 보았을까요? 제가 만난 절집에서는 보기 드문 풍경입니다. 일부러 만들 필요는 없겠지만, 이처럼 넉넉하고 여유로운 절집 풍경을 만난다면, 이 시 덕분에 허허 웃을 수 있겠습니다. 오히려 그 속에서 시를 만날 수 있겠습니다.

공

제 몸을 둥글게 껴안고
스스로의 깊은 생각에 잠긴다
더 이상 튀어오를 수 없는 건가

바람이 빠지자
비로소 긴장이 풀리고 편안해졌다
제 몸의 생각을 숨 쉬게 되었다

숱한 발길질에도 구겨지지 않고
둥글게 살려고 하던 공

세게 얻어맞을수록 더 높이
더 멀리 더 오래 날아가던 공

고통이 그를 움직이던 에너지였다
생각하며 사는 게 괴로울 때도 많았다

골대 밖으로 튕겨 나와 발버둥치고
벽을 넘으려고 안간힘을 쓰고

퍽, 공은 마침내 늪에 처박혔다

뿌리 잃은 삶의 구렁텅이를 딛듯
제 몸의 숨구멍을 더듬게 되었다

우리말을 발음하다 보면 감탄할 때가 있습니다. 참으로 작명 잘했다는 생각 때문인데요, '공'이라고 발음해보세요. 그야말로 공이 튀어 오를 것 같지 않나요? '공'은 순수한 우리말입니다. 한자어로는 구球, 영어나 독일어로는 볼ball, 빠알리어로는 guḷa, 산스끄리뜨어로는 gola입니다. 여러 언어권에서 나름대로 작명을 잘했지만, 그중 '공'이 최고입니다.

둥근 공이 쉽게 튀어 오를 수 있는 이유는 무엇일까요? 둥근 몸 안에 공기를 넣어서이기도 하지만, 제 몸의 최소한을 바닥에 대고 있기 때문이기도 합니다. 그야말로 중력의 명령을 최소한으로만 이행하고 있는 것이지요.

쉽게 튀어 오를 수 있는 성격 덕분에 공은 사람들의 훌륭한 놀이 수단이 되었습니다. 둥근 공으로 하는 운동경기를 열거해보면 참으로 많지요. 구기종목 모두 중력에 최소한으로만 굴복하는 공의 성질 덕분에 생긴 운동경기입니다.

시인의 눈에 띈 '공'은 바람(공기)이 빠진 공, 또는 바람이 빠져가는 공입니다. 아직 둥근 모양을 유지하고 있는 공은 제 몸을 둥글게 껴안고 깊은 생각에 잠겨 있습니다. '이젠 더 이상 튀어 오르지 못하는 것일까?' 얻어맞는 것이 힘들기도 했지만, 얻어맞음으로써 존재가치가 있었던 공이었습니다. 튀어 오르거나 날아가거나 벽에 부딪히는 것이 아프기도 했지만, 그것이 희열이기도 했습니다.

숱한 발길질을 받아도 명랑했던 공이었습니다. 세게 얻어맞으면 더 높이 더 멀리 더 오래 날아가서 사람들에게 환호를 받기도 했고요. 고통이 공의 에너지였지요. 사람들은 골대 안으로 공을 차 넣으려고 했지만, 공은 더 멀리멀리 날아가는 게 꿈이었습니다. 사람들은 그물 속으로 공을 넣으려 했지만, 공은 자유롭게 벽을 넘어서 하늘 너머까지 가는 것이 꿈이었습니다. 그래서 공은 자신을 차거나 던지거나 치는 사람들의 의도를 벗어나 더 멀리 가거나 다른 방향으로 가거나 아예 못 미치기도 했습니다.

어떤 것이든 세월이 가면 점차 제 기능을 잃어가는 법. 바람이 서서히 빠져가던 공은 어느 날 픽, 늪에 처박혔습니다. 쉬 들어갈 수 없는 곳에 처박힌 공을 사람들은 찾지 않았고, 공은 그곳에서 차츰 남아 있던 바람마저 잃어버리고 있었습니다. 그는 이제 자신이 공이 아님을 알았지요. 평생 공일 줄 알았는데, 잘 생각해보니 원래 공이 아니었고, 결국은 공이 아니었습니다.

공의 한살이나 사람의 일생이나 비슷합니다. 사람은 힘들어 쓰러져도 어느 정도 앓고 나면 언제 그랬냐는 듯이 일어서기를 반복하면서 일생을 버티지만, 나이 들면 늪 같은 요양원이나 독거 주택이나 아파트에 고립되었다가, 더 이상 사람이 아니고 원래가 사람이 아니었음이 증명됩니다.

　그러나 하나의 공이 바람이 빠지면 새로운 공이 튀어 오르듯이, 한 사람이 사라지면 새로운 사람이 등장하는 법. 사라지거나 튀어오르는 공으로 이루어진 이 세상이야말로 결코 쓰러지지 않는 '거대한' 공입니다.

물속의 돌

이재무

둥글둥글한 돌 하나 꺼내 들여다본다

물속에서는 단색이더니 햇빛에 비추어보니

여러 빛 몸에 두르고 있다

이리 보고 저리 보아도

둥글납작한 것이 두루두루 원만한 인상이다

젊은 날 나는 이웃의 선의,

반짝이는 것들을 믿지 않았으며

모난 상相에 정이 더 가서 애착을 부리곤 했다

처음부터 둥근 상像이 어디 흔턴가

각진 성정 다스려오는 동안

그가 울었을 어둠속 눈물 헤아려본다

돌 안에는 우리 모르는 물의 깊이가 새겨져 있다

얼마나 많은 물이 그를 다녀갔을까

단단한 돌은 물이 만든 것,

돌을 만나 물이 소리를 내고

물을 만나 돌은 제 설움 크게 울었을 것이다

단호하나 구족具足한 돌 물속에 도로 내려놓으며

신발끈을 고쳐맨다

젊은 시절에는 모난 것에 정이 가기 쉽지요. 목소리를 더 내는 사람에게 끌리고, 더 슬퍼 보이는 사람에게 끌리고, 더 날카로운 사람에게 끌리고, 더 예민한 사람에게 끌려요. 시인도 "모난 상相에 정이 더 가서 애착을 부리곤 했다"라고 말합니다. 그러나 모난 것에 끌렸던 사람도 나이가 들면 둥글둥글해져서 원만한 성격이 되지요. 꼭 흐르는 물속에서 살아가는 돌멩이같이요.

큰 바위에서 떨어져 나온 한 돌멩이가 있습니다. 날카롭기가 칼날과 같았고 끝은 뾰족한 송곳과 같았지요. 큰비가 올 때 물에 휩쓸린 날카로운 돌멩이는 계곡에 빨려 들어갔어요. 부드러운 물이 연신 온몸을 쓸어주는 것이 돌멩이는 좋았지만, 물이 항상 부드러운 것만은 아니었어요. 어떤 날은 물이 어마어마한 파괴력으로 돌멩이를 내동댕이쳤답니다. 다른 돌멩이들과 무수히 부딪히면서 돌멩이의 칼날은 무뎌져갔고, 뾰족했던 끝은 상당 부분 떨어져 나갔습니다. 칼날과 송곳 끝이 무뎌지는 것이 돌멩이는 아까웠지만, 흐르는 물은 돌멩이를 계속해서 굴리고 굴리고 또 굴렸고, 굴러가면서 돌멩이는 점점 둥글둥글해지고 있었어요.

바로 그 돌멩이를 이재무 시인이 물속에서 꺼내 들었나 봅니다. 물속에서는 한 가지 색이었는데, 꺼내서 햇빛에 비추니 여러 빛깔이 나타납니다. 이리 보고 저리 보아도 두루 원만한 인상이에요.

시인은 자신의 경험을 비추어 "각진 성정 다스려오는 동안 / 그[돌멩이]가 울었을 어둠속 눈물"을 떠올려봅니다.

스스로 돌아보건대 시인은 나이 든 자신이 젊은 시절에 비해 크게 원만해졌음을 느낍니다. 그렇게 원만해진 데에는 좌충우돌 온갖 시련과 세파에 대한 시달림과 어둠 속 눈물이 있었지요. 마찬가지로 돌이 이렇게 원만해진 데에는 성난 물의 다그침이 있었고, 다른 돌이나 나무나 콘크리트와의 부딪침이 있었으니, 둥글둥글해진 돌 속에는 우리가 잘 모르는 '물의 깊이', 아니 '설움의 깊이'가 있었음에 틀림없습니다. 여기에 생각이 미치자 시인은 단호하지만 온갖 설움을 구족한 돌을 제자리에 가만히 내려놓고 맙니다.

둥글둥글해진 모든 것에는 절차탁마切磋琢磨의 과정이 스며 있습니다. 보길도 예송리 해수욕장의 민박집에서 저는 밤새 파도가 밀려왔다 밀려갈 때마다 자갈들이 서로 부딪치고 물에 깎이고 바람에 시달리며 둥글둥글, 한결같이 둥글둥글해지면서 부르는 노래를 들었습니다. 그리고 그 장면을 해인사 행자실에서, 중앙승가대 수행관 대방에서 다시 보았습니다. 모난 사람들이 모여서 이리 부딪치고 저리 부딪히고, 이렇게 깎이고 저렇게 깎이면서 모두들 둥글둥글해지고 있었지요.

승가의 탁마가 서로를 향해 또는 선배들과의 관계를 통해 이루어진다면, 이재무 시인의 탁마는 세월의 흐름으로 이루어집니다. "단단한 돌은 물이 만든 것"이라 할 때, '단단한 돌'은 '둥글둥글해진 돌'이고 '물'은 '세월입니다. 우리도 돌처럼 세월의 흐름으로 둥글둥글해지면서도 단단해질 수는 없을까? 깎이고 깎여 아예 없어질 때까지 단단함을 잃지 않는 돌처럼 둥글둥글해지면서도 단단해지기 위해 저는 오늘도 정진합니다.

산거山居 2
-싸락눈

김남극

밤새 누군가에게 아무 말이나 하고 싶었다
억울하다든가 슬프다든가 아니면 누군가가 그립다는 말

또 밤새 누군가가 보고도 싶었다
사랑했던 이든 지나며 눈길을 건넸던 사소한 이든 상관없었다

밤새 말과 얼굴이 시간을 꽉 채웠다

아침이 왔다

마당에 싸락눈이 조금 쌓였다
몇 발자국 걸으니 싸락싸락 내게 말을 건넨다

발밑에서 말을 건네는 눈송이들은 지난밤
그리움이었을 것이다 간절함이었을 것이다

지상에 닿은 저 눈송이들은 지난밤 불면의 심사들이다

다들 말 못 하는 심사를 이렇게
발밑에서 싸락싸락 소리로 대신하는 것이다

출가 전 저도 외로울 때는 전화를 자주 하는 버릇이 있었습니다. 밤늦게 전화하는 버릇이 있는 분들, 술 한잔하면 누군가에게 전화하는 분은 외로운 사람입니다. 이런 시가 탄생한 것을 보면 김남극 시인도 외로우면 전화하는 버릇이 있으신지 모르겠습니다.

시의 화자는 밤새 누군가에게 아무 말이나 하고 싶었습니다. 억울하다고 말하고 싶기도 하고, 슬프다고 말하고 싶기도 하며, 그립다고 말하고 싶기도 합니다. 누군가가 보고 싶기도 했습니다. 보고 싶은 대상은 특정인이기도 하고, 그저 스쳐 지났던 인연이어도 좋습니다.

억울함과 슬픔과 그리움으로 밤을 꽉 채운 후 아침이 되어 마당에 나가보니 싸락눈이 조금 쌓여 있습니다. 싸락눈을 밟으며 몇 발짝 걸어보니 '싸락싸락' 싸락눈이 내게 말을 건네는 것이었습니다. 그러고 보니 '싸락싸락' 싸락눈의 말은 곧 그리움이자 간절함, 지난밤 불면의 심사들이었습니다.

많은 사람들의 불면의 심사가 싸락눈으로 쌓여서 우리가 밟을 때마다 '싸락싸락' 소리가 난다는 발견, 그것이 바로 시적 발견입니다. 시적인 발견은 철학적이거나 종교적인 발견과는 또 다른 통찰을 우리에게 안겨줍니다. 그 속에는 논리를 넘어선 감각과 정서의 교감이 있습니다.

가끔 시적인 교감이 그리움이나 외로움이나 슬픔을 유발하는데, 그리하여 우리는 나의 그리움이나 외로움이나 슬픔뿐만 아니라 타인의 감정과 정서를 이해하게 되고, 나아가 세상의 감정과 정서를 통찰하게 됩니다.

2
장

풀벌레
소리
환한 밤

축복

도종환

이른 봄에 내 곁에 와 피는
봄꽃만 축복이 아니다
내게 오는 건 다 축복이었다
고통도 아픔도 축복이었다
뼈저리게 외롭고 가난하던 어린 날도
내 발을 붙들고 떨어지지 않던
스무 살 무렵의 진흙덩이 같던 절망도
생각해보니 축복이었다
그 절망 아니었으면 내 뼈가 튼튼하지 않았으리라
세상이 내 멱살을 잡고 다리를 걸어
길바닥에 팽개치고 어둔 굴 속에 가둔 것도
생각해보니 영혼의 담금질이었다
한 시대가 다 참혹하였거늘
거인 같은, 바위 같은 편견과 어리석음과 탐욕의
방파제에 맞서다 목숨을 잃은 이가 헤아릴 수 없거늘
이렇게 작게라도 물결치며 살아 있는 게
복 아니고 무엇이랴

육신에 병이 조금 들었다고 어이 불행이라 말하랴
내게 오는 건 통증조차도 축복이다
죽음도 통곡도 축복으로 바꾸며 오지 않았는가
이 봄 어이 매화꽃만 축복이랴
내게 오는 건 시련도 비명도 다 축복이다.

도종환 시인이 몸이 아파 교편을 그만두고 한 3년 속리산 자락에서 산 적이 있습니다. 그때 쓴 시 중 한 편입니다.

살다 보면 정말 눈앞이 캄캄할 때 있지요. 그렇게 암담한 시절을 유난히 자주, 길게 산 사람도 있고 그렇지 않은 사람도 있습니다. 그 경험 똑같이 해보지 않은 사람은 그 아픔 모를 겁니다. 직접 겪어보지 않고는 누구도 남의 삶에 대해 함부로 말할 수 없습니다. 그저 자신의 경험을 조금 보편화해서 얘기할 뿐이고, 그것이 남들에게도 공감대를 형성할 수 있는 것이지요.

도종환 시인도 나름 아픔을 많이 겪었지요. 이 시는 그런 아픈 경험 속에서 탄생했습니다. 그 결과 시인은 "육신에 병이 조금 들었다고 어이 불행이라 말하랴"라고 반문하며, "내게 오는 건 시련도 비명도 다 축복이다"라고 선언합니다. 그렇습니다. 한없는 나락, 그야말로 비극으로 끝난다 해도 그것은 축복입니다.

아라한인 목련존자는 생전에 수많은 외도를 교화했습니다. 자신의 생도들을 빼앗긴 외도들은 목련존자가 죽도록 미웠겠지요. 어느 날 목련존자가 좌선하고 있을 때 외도들이 목련존자에게 돌을 던졌습니다. 많은 외도들이 돌을 던졌지만, 목련존자는 전혀 저항하지 않고 삼매에 든 채로 반열반에 들었습니다. 목련존자는 전생에 수많은 생명체를 죽인 과보가 오고 있음을 알고 저항하지 않았던 것입니다. 이 같은 목련존자의 최후를 사람들은 비극이라 할지도 모르지만, 목련존자는 축복이라 생각했습니다. 왜냐하면 자신의 과보를 갚을 수 있었기 때문입니다.

내게 오는 건 즐거움이건 시련이건 모두 축복이라 생각하고, 시련은 잘 이겨내고 즐거움에는 너무 집착하지 않겠습니다.

이 글을 읽고 계시는 분들은 단언컨대 축복받으신 분입니다. 참으로 만나기 어려운 부처님 가르침을 접하고 계시기 때문입니다. 오늘도 축복받은 삶 속에서 행복하십시오.

겨울, 저녁 불일암에서

석연경

하나의 질문
하나의 답
풍경은 풍경일 뿐이라

아니오라는 한 마디
그 때 불일암에서
나는 보았네
후박나무 아래서 울컥
저녁 허공을 쓸던
가시뿐인 겨울나무

말없이 안아보니
깡마른 가시가
보드랍고 촉촉하게 벙글은
하얀 꽃송이였네
품지 않고도 품어주는
맑고 향기로운 꽃나무였네

활활 뜨거운 아궁이에서
마른 장작이
가득 피워 올리는
묵언의 법문
숱한 무소유의 이야기가
허공으로 사라진다

마음 깊숙한 어디메 풍경소리
꽃술 떨리니 황금 꽃가루 날린다
질문도 답도 연기일 뿐
마음 가득 향긋하고 환한 꽃송이
고요한 물소리로 흐른다

송광사 불일암, 법정 스님이 오래 기거하셨던 곳. 찻길을 충분히 낼 수 있는 도량임에도 한사코 길을 내지 않으신 곳, 소박하기 이를 데 없는 도량. 특별히 꾸미지도 않았고, 크지도 않고, 풍경 소리와 바람 소리와 가끔씩 떨어지는 솔잎이 말없이 말하는 곳. 쓰고 남은 목재를 이용하여 스님이 서투른 솜씨로 얼기설기 만들어놓은 의자만이 찾아오는 손님을 기다리고 있습니다.

석연경 시인이 불일암에 가지고 갔던 질문은 무엇일까요?

'하나의 답'이라? 이미 답을 알고 있었다는 뜻일까요?

"풍경은 풍경일 뿐이라"

풍경風磬은 풍경 이상의 것이 아니지요. 거기에 상징과 의미를 부여하니 어려워지지만, 풍경을 풍경 자체로 보면 단순하면서도 명료합니다.

그때 시인이 불일암에서 본 것은 "아니오라는 한 마디"랍니다. 그것은 말일 것 같은데, 말이라면 들어야 할 텐데, 시인은 보았다고 합니다. 문득 '간화선看話禪'이라는 말이 생각납니다. '화두를 듣는다'가 아니라 '화두를 본다'는 뜻이잖아요. 그래서 시인은 "아니오라는 한 마디"를 본 것인가 봅니다.

시인의 질문은 바로, 아니 시인의 화두는 '아니오'였던 것이 아닐까요? '아니오'라고 해야 할 것이 있는데, '아니오'의 주어가 무엇인지 보이지 않았을까요? 어쨌든 시인에게는 '아니오' 하고 말하고 싶은 것이 있습니다. 그때 시인의 눈에 들어온 것이 있습니다.

"후박나무 아래서 울컥 / 저녁 허공을 쓸던 / 가시뿐인 겨울나무"

가시뿐인 겨울나무를 말없이 안아보니(실제로는 안지 않았을 수도 있습니다), 가시는 의외로 "보드랍고 촉촉하게 벙글은 / 하얀 꽃송이"였습니다. "품지 않고도 품어주는 / 맑고 향기로운 꽃나무"였습니다. "맑고 향기롭게"는 법정 스님께서 자주 사용하시던 캐치프레이즈였습니다. 그러고 보니 '가시뿐인 겨울나무'에 법정 스님의 모습이 겹칩니다.

이제 시인에게 보이는 모든 것이 법문이 됩니다. "활활 뜨거운 아궁이에서 / 마른 장작이 / 가득 피워 올리는 / 묵언의 법문"이 되기도 하고, 허공으로 사라지는 무소유의 이야기가 되기도 합니다. 마음 깊숙한 어디메에서 울리는 풍경 소리도, 황금 꽃가루 날리는 꽃술도, 연기로 피어오르는 질문도 답도, "마음 가득 향긋하고 환한 꽃송이"도, 고요한 물소리도 모두 법문입니다.

'하나의 질문', '하나의 답'은 풍경이었다가 연기가 되었습니다.

불일암에 가면, 풍경 소리를 법문으로 들을 수 있는 귀가 열립니다. 불일암에 가면, 푸른 하늘로 사라지는 연기를 경전으로 읽을 수 있는 눈이 열립니다.

아닙니다, 풍경 소리는 법문이 아닙니다, 풍경 소리는 풍경 소리입니다.

아닙니다, 피어오르는 연기는 경전이 아닙니다, 연기는 연기입니다.

봄에 꽃들은 세 번씩 핀다

김경미

필 때 한 번
흩날릴 때 한 번
떨어져서 한 번

나뭇가지에서 한 번
허공에서 한 번

바닥에서 밑바닥에서도 한 번 더

봄 한 번에 나무들은 세 번씩 꽃 핀다

과연 그렇습니다. 봄꽃의 아름다움은 꽃이 나무에 매달려 있을 때만 존재하는 것이 아닙니다. 어떤 경우에는 연못에 떨어져서, 바닥에 떨어져서 더 아름답기도 합니다.

어제 금정산에 올랐더니 진달래가 만발했습니다. 벌써 떨어지기도 했더군요.

올봄에는 흩날리는 꽃의 아름다움, 땅바닥이나 연못이나 개울에 떨어진 꽃의 아름다움도 느껴보겠습니다.

8월의 나무에게

최영희

한 줄기
소낙비 지나고
나무가
예전에 나처럼
생각에 잠겨 있다

8월의
나무야
하늘이 참 맑구나

철들지,
철들지 마라

그대로,
그대로 푸르러 있어라

내 모르겠다

매미소리는
왜, 저리도
애처롭노.

한줄기 소낙비 지나고 나무를 보신 적 있으십니까? 그때 나무는 생각에 잠겨 있답니다. 나무가 생각에 잠겨 있다는 시적 진술로 인해 이 시는 시로서의 품격 있는 생명력을 얻습니다. 그런데 시인은 그 생각 속으로 들어가 보지는 않는군요. 하기야 그 생각은 나무의 생각이라기보다는 시인의 생각일 가능성이 높지요.

시인은 나무에게 말합니다.
"하늘이 참 맑구나."
우리가 지인을 만나면 날씨 얘기를 먼저 하듯이, 시인도 나무에게 일종의 날씨 이야기로 대화를 시도합니다. 나무가 뭐라고 말했을 수도 있는데, 시인은 그 말은 공개하지 않습니다. 혹은 그 말을 알아듣지 못했을 수도 있겠습니다.
시인은 계속해서 나무에게 얘기합니다.
"철들지, / 철들지 마라 // 그대로, / 그대로 푸르러 있어라."
철들지 말라는 것은 무슨 뜻일까요? 단풍 들지 말라는 뜻일까요? 늙지 말라는 뜻일까요?
그러나 시인이 철들지 말라고 한다고 해서, 그대로 푸르러 있으라 한다 해서 나무가 철(단풍)들지 않고 푸르러 있을 리 만무합니다. 그 진실을 알고 있어서일까요, 시인은 약간 포기하는 듯한 말투로 말합니다.
"내 모르겠다 // 매미소리는 / 왜, 저리도 / 애처롭노."
결국 나무는 철이 들고, 푸른 이파리는 변해갈 것이고, 결국에는 낙엽이 되어 떨어지게 됩니다. 그래서 매미 소리가 애처롭게 들렸을까요?

우리 몸에게 아무리 늙지 말라고 호소한다 한들 늙지 않을 수 없듯이, 나무에게 영원히 푸르러야 한다고 호소해도 나무는 변화합니다.

변해야 한다는 사실에 괴로워하는 것을 괴고성壞苦性이라고 부릅니다. 그러나 변한다는 것을 능동적으로 받아들이면 변화는 곧 성장이라고 해석할 수도 있습니다. 우리가 평생 태어났을 때의 모습 그대로라면 오히려 비극입니다. 갓난아기로 태어나서 우리는 성장하여 어른이 되었습니다. 어른이 되었다면, 점차 왔던 길로 돌아가서 사라지는 것이 맞습니다. 그래야 새로운 아기들이 태어나서 이 세상을 새롭게 가꾸게 될 것이니까요.

변해가는 나무를 애처로워하는 것, 매미 소리를 애처로워하는 것은 시적 진실입니다. 그런 진실을 느끼는 것은 건강한 것입니다. 그런 시적 진실을 느끼고 나름대로 해석하는 것이 바로 시입니다. 시를 사는 것은 그 자체로 행복입니다.

묵언黙言의 날

고진하

하루종일 입을 봉封하기로 한 날,
마당귀에 엎어져 있는 빈 항아리를 보았다.
쌀을 넣었던 항아리,
겨를 담았던 항아리,
된장을 익히던 항아리,
술을 빚었던 항아리들.
하지만 지금은 속엣것들을 말끔히
비워 내고
거꾸로 엎어져 있다.
시끄러운 세상을 향한 시위일까,
고행일까,
큰 입을 봉封한 채
물구나무선 항아리들.
부글부글거리는 욕망을 비워 내고도
배부른 항아리들,
침묵만으로도 충분히
배부른 항아리들.

항아리가 엎어져 있다는 것은 아무것도 담지 않겠다는 의지의 표현입니다. 항아리의 일은 무언가를 담는 것이라고 한다면, 항아리가 엎어져 있는 것은 잠시 쉬겠다는 뜻입니다.

항아리도 가끔은 그렇게 엎어져서 쉴 필요가 있겠습니다. 예를 들어 오랫동안 김치를 담고 있었던 항아리가 내용물을 모두 비운 후에 엎어져서 오래 쉬게 되면 새 항아리와 같은 기능을 회복하게 될 것입니다.

코로나가 장기화될 때 저는 생각했습니다. 이는 어쩌면 우리 인간에게 항아리처럼 잠시 엎어져서 쉬는 시간이 필요하다고 말해주는 것인지도 모르겠다고. 그렇게 생각하면 그동안 마음껏 누리던 것들을 억제해야 하는 오늘이 조금은 편안해질 수 있지 않을까요?

바퀴 있는 것은 슬프다

김남극

바퀴 있는 것들은 슬프다
어디론가 가야 하고
공기압보다 큰 짐을 실어야 하고
집 나서면 헝클어진 길을 찾아야 하니

굴뚝 모퉁이에 낡은 리어카
어둠에 바람이 빠졌다가
햇살로 바람을 바퀴에 뿍뿍 자아넣고
엉크런 바퀴살에 녹이 저승꽃처럼 피어도
이젠 더 싣고 갈 가계도 없는데
끌고 갈 사람도 없는데
쫓겨나고 싶지 않은
쫓겨나도 갈 곳 없는 천덕꾸러기처럼
오래 엎드려서
가끔 들여다보는 식솔들 뜨뜻한 시선으로 또
뿍뿍 바퀴에 바람을 잣고 있다

바퀴가 있으나 어디론가 가지 못하는 것들은
더 슬프다

바퀴는 움직이기에 용이한, 아니 움직이는 것에 최적화된 동적動的인 성질을 타고났습니다. 시인은 "바퀴 있는 것은 슬프다"라고 말하는데, 바퀴 있는 것은 "어디론가 가야 하고 / 공기압보다 큰 짐을 실어야 하고 / 집 나서면 헝클어진 길을 찾아야" 하기 때문이라고 합니다. 바퀴 있는 것은 역마살驛馬煞이 있을 수밖에 없는 것이지요.

역마살을 타고났음에도 움직이지 않는 것이 있습니다. 굴뚝 옆에 세워진, 더 이상 쓰지 않는 낡은 리어카입니다. 이놈은 하루 종일 누워 있기만 하는데, 어둠에 바람이 빠졌다가는 햇살로 바람을 뿍뿍 자아 넣는 것을 반복하고 있습니다. 바퀴살은 녹이 슬어 저승꽃을 활짝 피우고 있고요.

바퀴는 부처님과 진리를 상징합니다. 부처님의 발바닥에도 법륜이 새겨져 있고, 손바닥에도 법륜이 그려져 있지요. 부처님을 직접적으로 그리거나 만들지 않았던 무불상 시대에 법륜은 부처님의 상징이 되어 부처님을 그려 넣어야 할 자리를 대신하곤 했습니다.

왜 법륜이 부처님을 상징하게 되었을까요? 바퀴는 둥근 모양이므로 원만성을 상징합니다. 속을 텅 비우고 있으므로 '비움'이나 '내려놓음'을 상징하며, 바퀴살로 서로를 지탱하고 있다는 점에서 연기緣起를 상징하기도 하지요. 바퀴는 역마살이라기보다는 한곳에 안주하지 않는 부처님의 유행流行의 성품을 닮았습니다.

부처님은 중생을 교화하기 위해 바퀴처럼 늘 어디론가 가셔야 했고, "바퀴가 공기압보다 큰 짐을 실어야" 했듯이 고통받는 중생들을 제도하셔야 했으며, 바퀴처럼 평생을 이 마을 저 마을, 이 고을 저 고을, 이 나라 저 나라로 떠돌아다니셨습니다.

바퀴가 이렇게 부처님의 성품을 닮은 이상, 그것은 결코 슬플 수 없습니다. 바퀴는 어디든 좋은 곳으로 자유로이 갈 수 있으며, 특유의 둥근 모양으로 수많은 이들에게 원만하고 넉넉한 품을 제공하고, 자신이 필요한 이들을 신속하게 찾아갈 수 있습니다. 바퀴 자체가 슬프다기보다는 그 기능을 상실한, 움직이지 못하는 바퀴가 슬프다고 해야 옳겠습니다. 우리가 우리 안의 불성을 발견하지 못하고 범인으로 살아가는 것과 한가지인 것이지요.

시인은 "바퀴가 있으나 어디론가 가지 못하는 것들은 / 더 슬프다"라고 말합니다. 낡은 리어카의 바퀴가 '어둠에 바람이 빠진 것'은 무명無明에 눈이 가린 것입니다. 그래도 희망은 있는지 어둠이 사라지면, '햇살로 바람을 뿍뿍 자아 넣고' 바퀴의 속성을 일시적으로 찾은 것처럼 보이기도 합니다. 그러나 밤이 오면 다시 어둠에 바람을 빼앗김으로써 바퀴의 본성을 잊습니다. 바큇살에 저승꽃이 피는 것은 이제 시간이 얼마 남지 않았으니 어서 본성을 찾으라는 뜻인데, 낡은 리어카의 바퀴는 여전히 정신을 차리지 못하고 있지요. 시인은 바람 빠진 바퀴를 "끌고 갈 사람도 없는데 / 쫓겨나고 싶지 않은" 천덕꾸러기 같다며 안타깝게 바라봅니다. 나는 시인의 시선 속에서, 버릴 것도 없는데 버리지 못하고 뭔가를 꼭 움켜쥐고 떠나지 못하는 중생들을 안타깝게 바라보시는 부처님의 슬픈 눈을 느낍니다.

무화과

김지하

돌담 기대 친구 손 붙들고
토한 뒤 눈물 닦고 코 풀고 나서
우러른 잿빛 하늘
무화과 한 그루가 그마저 가려섰다

이봐
내겐 꽃시절이 없었어
꽃 없이 바로 열매 맺는 게
그게 무화과 아닌가
어떤가
친구는 손 뽑아 등 다스려 주며
이것 봐
열매 속에서 속꽃 피는 게
그게 무화과 아닌가
어떤가

일어나 둘이서 검은 개굴창가 따라

비틀거리며 걷는다
검은 도둑괭이 하나가 날쌔게
개굴창을 가로지른다.

세상이 참 절망적으로 느껴지던 시절이 있었습니다. 군부독재 치하 젊은이들의 하루하루가 그랬습니다. 절망을 이기고자, 또는 젊은 혈기에 술을 자주 마셨던 시절, 독을 마신 만큼 토해내야 했었지요.

친구가 손을 잡아주는 가운데 토한 뒤 눈물 닦고 코도 푼 후에 하늘을 우러러보니 잿빛, 절망적인 마음의 색깔과 한가지입니다. 게다가 그 하늘을 무화과 한 그루가 가리고 있습니다. 그러고 보니 화자는 자신이야말로 무화과처럼 꽃시절이 없었다고 한탄합니다.
"이봐 / 내겐 꽃시절이 없었어 / 꽃 없이 바로 열매 맺는 게 / 그게 무화과 아닌가"
그렇게 한탄하는 화자를 보고 친구가 등을 다스려주며 말합니다.
"이것 봐 / 열매 속에서 속꽃 피는 게 / 그게 무화과 아닌가"

그러고 보면 꽃이 없는 식물은 없습니다. 화려하든 화려하지 않든 꽃은 있습니다. 무화과도 꽃이 없는 것처럼 보이지만, 열매 속에서 속꽃이 핍니다. 꽃을 외피가 둘러싸고 있다고도 할 수 있지요.

둘은 일어나 걷습니다. 개울도 오염되어 검습니다. 둘이서 '검은 개굴창가' 따라 비틀거리며 걷는데, 검은 도둑괭이 한 마리 날쎄게 개굴창을 가로지르고 있습니다.

잿빛, 검은빛의 독재 시절을 지나 오늘에 이르렀습니다. 꽃이 없는 것 같았지만, 속꽃이 피어 있었고, 세상은 한결 좋아졌습니다.

그래도 여전히 꽃시절이 없는 것으로 느끼시는 분 많습니다. 여전히 잿빛 하늘만 보이시는 분, 검은 개굴창가를 걷고 계시는 분 많습니다. 그러나 무화과나무는 꽃을 피우지 않는 것처럼 보이지만, 속꽃이 있다는 것을 상기하십시오. 화려하지 않아도 꽃은 있습니다.
환희까지는 아니더라도 행복은 있습니다.

풀벌레들의 작은 귀를 생각함

김기택

텔레비전을 끄자
풀벌레 소리
어둠과 함께 방 안 가득 들어온다
어둠 속에서 들으니 벌레 소리들 환하다
별빛이 묻어 더 낭랑하다
귀뚜라미나 여치 같은 큰 울음 사이에는
너무 작아 들리지 않는 소리도 있다
그 풀벌레들의 작은 귀를 생각한다
내 귀에는 들리지 않는 소리들이 드나드는
까맣고 좁은 통로들을 생각한다
그 통로의 끝에 두근거리며 매달린
여린 마음들을 생각한다
발뒤꿈치처럼 두꺼운 내 귀에 부딪쳤다가
되돌아간 소리들을 생각한다
브라운관이 뿜어낸 현란한 빛이
내 눈과 귀를 두껍게 채우는 동안
그 울음소리들은 수없이 나에게 왔다가

너무 단단한 벽에 놀라 되돌아갔을 것이다

하루살이들처럼 전등에 부딪쳤다가

바닥에 새카맣게 떨어졌을 것이다

크게 밤공기 들이쉬니

허파 속으로 그 소리들이 들어온다

허파도 별빛이 묻어 조금은 환해진다

오늘날의 시는 자연과 교감하는 것 자체인지도 모르겠습니다. 자연과의 교감을 막는 것을 이 시에서 찾으면 텔레비전, 두꺼운 내 귀, 브라운관, 브라운관이 뿜어내는 현란한 빛, 단단한 벽, 전등입니다.

텔레비전을 끄자 자연 속에서 풀벌레 소리가 들립니다. 어둠 속에서 풀벌레 소리가 환합니다. 귀뚜라미나 여치 같은 큰 울음에 섞여 작은 벌레들의 노래도 희미하게 느껴집니다.

그 소리들은 늘 배경음악처럼 우리 주위에 있었지만, 브라운관이 뿜어내는 현란한 빛과 전등 불빛이 우리 귀를 멀게 하여 그것들을 알아차리지 못했습니다.

문명의 빛에서 잠시 벗어나 자연의 어둠에 감각기관을 노출해 보면 자연의 소리들이 들려옵니다. 자연을 감각하는 것, 그것이 바로 시입니다. 시를 사는 것, 그것이 바로 행복입니다.

흰 소의 봄

이경

태풍이 세 차례 훑고 지나가
시장에 상처 없는 과일을 찾기 어렵습니다
홍수에 합천서 떠내려간 황소가
창원 둔덕에서 풀을 뜯고 있습니다
물에 잠긴 지붕 위에서 이틀을 버텨낸 암소는
내려와 쌍둥이 송아지를 낳았습니다
벼랑 끝으로 내몰린 사람들 검은 마스크 속에서
가까스로 흰 소의 봄입니다
한 해가 강가의 언덕처럼 떨어져 나간 줄 알았더니
어린 송아지 이마를 뚫고
배꽃보다 흰 뿔 솟아오릅니다

시에 그려진 상황은 태풍이 세 차례 훑고 지나가 그야말로 초토화된 상황입니다. 그러나 이게 웬일일까요? 초토화된 것이 아니었습니다. 상류에 해당하는 합천에서 떠내려간 황소가 하류에 가까운 창원 둔덕에서 풀을 뜯어 먹고 있는 것이 아니겠습니까. 지붕 위에서 이틀을 버텨서 살아남은 암소는 쌍둥이 송아지를 낳았습니다.

코로나로 벼랑 끝에 몰린 사람들이 마스크 속에서도 사랑을 잃지 않았듯이, 사람들은 검은 마스크 속에서 가까스로 흰 소의 봄입니다. '검은 마스크'가 암울한 현실을 상징한다면, '흰 소'는 그래도 버릴 수 없는 희망을 상징합니다. 이렇게 암울한 현실 속에서 한 해가 홍수로 떨어져 나간 강가의 언덕처럼 사라져버린 줄 알았는데, 어린 송아지의 이마를 뚫고 흰 뿔이 솟아나듯이 희망도 죽지 않았다고 이 시는 암시적으로 노래하고 있습니다.

문제를 인식하는 순간 문제를 풀 수 있는 희망도 있습니다. 이 세상이 고통에 가득 차 있음을 인식한 부처님께서 출가하시어 그 문제를 푸셨듯이, 문제를 적확하게 인식하는 데서 문제의 해결도 시작됩니다.

세상 사람들은 코로나로 인해 우리가 너무 직선으로만 달려왔구나, 뭇 생명들과 더불어 살려고 하지 않았구나 반성하였습니다. 그렇다면, 희망이 있습니다. 단단한 송아지의 이마에서 배꽃보다 흰 뿔이 솟아나고 있음입니다.

오늘 힘들더라도 희망이 있습니다. 힘내십시오.

풀벌레

풀잎처럼 살아가는 것들
나뭇가지처럼 살아가는 것들
약해서 숨어사는 것들
약해서 잡아먹히는 것들
절망의 까만 똥을 싸는 것들
떨어져도 다시 기어오르는 것들
몸으로만 살아가는 것들

세상에는 얼마나 많은 풀벌레가 살고 있을까요? 지금 이 순간에도 풀벌레 소리 들립니다. 우리들의 귀에는 전혀 들리지 않는 풀벌레 소리도 엄청나게 많을 겁니다.

김기택 시인은 텔레비전을 끄자 그 풀벌레 소리가 들렸고, 전등을 끄자 어둠 속에서 별이 보이고, 별빛이 풀벌레 소리에 묻어 귀와 마음이 환해졌다고 노래했지요.

권달웅 시인은 다른 각도에서 풀벌레를 바라봅니다. 우주 속에서 보면 실로 미미한 풀벌레, 그것들은 "풀잎처럼 살아가는 것들"이고 "나뭇가지처럼 살아가는 것들"이지요. 실로 그렇습니다. 생존을 위해 풀벌레들은 풀잎과 같은 모양, 풀잎과 같은 색깔을 띠기도 하고, 나뭇가지 모양을 하기도 합니다. 풀 모양이나 나뭇가지 모양을 하는 이유는 숨어 살기에 좋기 때문이지요. 그러나 그것들은 약해서 잡아먹히기 일쑤입니다.

그들이 싸는 똥은 대체로 까만 색일까요? 시인은 그렇게 생각하고 풀벌레들을 "절망의 까만 똥을 싸는 것들"이라고 표현합니다.

그러나 풀벌레가 그렇게 약하기만 한 것은 아닙니다. 그것들은 수없이 떨어지고 또 떨어지고, 죽고 또 죽지만, 아무리 죽어도 숫자가 줄어들지 않는 질긴 생명력을 갖고 있습니다. 그들은 떨어져도 떨어져도 다시 기어오릅니다.

생각해보면, 인간도 풀벌레처럼 약한 존재들입니다. 풀벌레같은 보호색도 갖지 못한 존재들입니다. 사자의 날카로운 발톱도, 개의 예민한 후각도, 토끼의 빠른 발도, 새들의 날개도 갖지 못한 존재들입니다. 특히 돈 없고 권력 없는 이들은 풀벌레처럼 맨몸으로만 살고 있습니다. 그러나 우리 민초들 역시 떨어져도 떨어져도 다시 기어오르는 풀벌레같이 끈질긴 생명력을 갖고 있습니다.

끈질긴 생명력으로 우리들은 살아남을 것입니다. 살아남아서 참으로 존귀한 부처님의 가르침을 배우고 지니겠습니다.

못 위의 잠

나희덕

저 지붕 아래 제비집 너무도 작아
갓 태어난 새끼들만으로 가득 차고
어미는 둥지를 날개로 덮은 채 간신히 잠들었습니다
바로 그 옆에 누가 박아놓았을까요, 못 하나
그 못이 아니었다면
아비는 어디서 밤을 지냈을까요
못 위에 앉아 밤새 꾸벅거리는 제비를
눈이 뜨겁도록 올려다봅니다
종암동 버스정류장, 흙바람은 불어오고
한 사내가 아이 셋을 데리고 마중나온 모습
수많은 버스를 보내고 나서야
피곤에 지친 한 여자가 내리고, 그 창백함 때문에
반쪽난 달빛은 또 얼마나 창백했던가요
아이들은 달려가 엄마의 옷자락을 잡고
제자리에 선 채 달빛을 좀더 바라보던
사내의, 그 마음을 오늘밤은 알 것도 같습니다
실업의 호주머니에서 만져지던

때묻은 호두알은 쉽게 깨지지 않고
그럴듯한 집 한 채 짓는 대신
못 하나 위에서 견디는 것으로 살아온 아비,
거리에선 아직도 흙바람이 몰려오나봐요
돌아오는 길 희미한 달빛은 그런대로
식구들의 손잡은 그림자를 만들어주기도 했지만
그러기엔 골목이 너무 좁았고
늘 한 걸음 늦게 따라오던 아버지의 그림자
그 꾸벅거림을 기억나게 하는
못 하나, 그 위의 잠

요즘에는 제비가 별로 오지 않습니다. 최근에 제비 본 기억이 별로 없으실 겁니다. 그만큼 우리나라의 환경이 달라졌다는 것이겠죠.

옛날에는 시골집 처마마다 제비집이 있었습니다. 논두렁에서 하나씩 하나씩 물어 온 지푸라기며 논흙이 서로 어우러져 아늑한 둥지가 되었습니다. 그 둥지에 알을 낳고 새끼가 나오면 단란한 가정이 이루어지는 것이지요. 새끼제비들은 어미가 먹이를 물고 오면 입을 쩍쩍 벌려 먹이를 받아먹곤 했습니다.

제비집의 밤풍경 한번 보시겠습니까? 아이들은 서로 몸을 포개고 다정하게 잠들어 있구요, 그 위를 어미제비가 날개를 펴서 덮어줍니다. 아비는 어디에서 잘까요? 그 옆에는 글쎄 못이 하나 있었습니다. 그 못 위에 발을 둥글게 감고 앉아서 아빠는 잠을 잡니다.

그렇게 잠든 아빠제비를 보면서 시인은 아버지를 생각합니다. 골목길을 나란히 걷기에는 골목이 좁아서 늘 한 걸음 뒤에서 식구들을 따라오신 아버지, 그렇게 가족들을 보호하신 아버지, 못 위의 잠이 곧 아버지의 삶이 아니었나 시인은 생각해봅니다.

정말 그렇습니다. 아버지는 자식들이 잘 자랄 수 있도록 못 위에서 보초를 선 것이 아니었는지. 그 자식들이 지금은 아버지가 되고 어머니가 되었습니다.

시인은 종암동 버스정류장에서 한 가족을 만납니다. 한 사내가 세 아이와 함께 버스를 기다리고 있습니다. 정확하게 말하면 아이들의 엄마가 타고 있는 버스를 기다리고 있습니다. 여러 대의 버스가 지나고 나서야 피곤에 지친 한 여자가 내리자 아이들이 달려가 엄마의 옷자락에 매달립니다.

그렇게 제비 가족들은 집으로 돌아옵니다. 농촌의 제비는 사라졌지만, 도시의 제비 가족들은 힘겹게 신종 제비집을 지키고 있습니다. 신종 제비 가족을 지키는 아빠제비의 '못 위의 잠'도 계속됩니다.

약속

정일근

늦여름 장마비 속에서
흰 꽃을 밀어올리는
수련睡蓮을 보았습니다
사람이 만든 집과 집 속의 사람이
속수무책으로 젖고 있는데
한사코 자신의 야윈 몸 위로
화사한 꽃을 피우려 애쓰는
착한 모습을 보았습니다
비의 굵은 손바닥 후두둑 후두둑
세상의 등을 때려
큰 절집과 열세 채 작은 절집 품은
영축산 통도사도 단단한 결가부좌를 풀고
눅눅한 오수에 빠져드는데
산山 번지도 사라진 빈터
깨어진 돌확 속에서
단정한 앉음새로 앉아
가을이 오기 전에는 꽃을 피워야 한다는

그분과의 약속을 지키기 위해

세찬 빗속에서도 제 이름을 부르는 소리에

예, 라고 대답하며 수런거리는

수련의 소리를 들었습니다

수련의 '수' 자가 물 '수' 자일 것이라고 생각하신 분 계십니까? 물 '수' 자가 아니라는 것을 알고 계셨다면 매우 유식하신 것입니다. 수련은 대체로 물 위에 이파리를 살포시 띄운 채로 살아가기 때문에 수련의 수를 물 수라고 생각하는 것은 자연스럽습니다. 그러나 수련睡蓮의 수睡는 '졸고 있다'는 뜻입니다. 글자 그대로 보면 수련은 졸고 있는 연꽃입니다.

정일근 시인에 따르면 수련은 졸고 있지 않습니다. 시인은 장맛비 속에서도 흰 꽃을 밀어 올리고 있는 수련을 보았습니다. 사람과 사람이 만든 집은 속수무책으로 젖고 있는데, 수련은 엄청난 물이 물대포 수준으로 자신의 몸에 떨어져도 자세를 흐트리지 않습니다. 수련은 단정한 자세로 앉아 오직 하나의 화두에 몰두하고 있습니다. "꽃을 피워야 한다", "가을이 오기 전에 꽃을 피워야 한다", 오직 이 화두만을 되뇌고 있습니다. 왜냐하면 스승에게 약속했기 때문입니다. "가을이 오기 전에 꽃을 피우겠습니다."
수련에게는 세찬 빗소리가 스승이 부르는 소리로 들립니다.
"화두는 잘 챙기고 있느냐?"
수련은 대답합니다.
"예!"

수련이 화두를 잘 챙겨서 마침내 꽃을 피웠다는 소식이 통도사뿐만 아니라 양평 상원사에서도, 순천 송광사 광원암에서도,

강화도 선원사에서도, 합천 해인사에서도, 남해 보리암에서도, 해남 대흥사에서도, 김제 금산사에서도, 부여 궁남지에서도, 시흥 관곡지에서도, 전국 방방곡곡에서, 해외에서도 들려옵니다.

여러분들은 부처님께 무엇을 약속하셨는지요?

늙은 릭샤꾼

정희성

딱히 어디로 가자고 한 것도 아니었다
늙은 릭샤꾼은 힘에 겨운 듯
야무나 강변에 나를 내려놓고 담배에 불을 붙였다
강 건너편으로 죽은 자를 위한
화려한 집 타지마할이 한눈에 들어오고
강 이쪽은 눈길을 주기가 민망할 빈민들의 거처였다
이 묘한 지점에 나를 세워두고 어쩌자는 것일까
나는 늙은 릭샤꾼의 눈을 들여다보았다
그는 나를 향해 서 있었지만 나를 보고 있지는 않았다
그의 눈길은 나를 지나
내 뒤의 무엇을 향해 있었는데
퀭한 눈으로 그가 건너다보는 세상이
어떤 것인지 알 수가 없었다
어깨 너머로 노을이 지고 있을 뿐이었다

타지마할이 있는 아그라. 인도여행을 처음 하시는 분이면 빠지지 않고 가는 곳이죠. 아그라는 그리 넓지 않기 때문에 사이클릭샤를 타고 다니면 좋습니다. 사이클릭샤가 유난히 많은 곳이 아그라이기도 합니다. 자전거를 빌려서 타고 다니는 것도 꽤 유용하지만, 사이클릭샤 타는 걸 권합니다.

야무나 강변 쪽에 가면 마을이 있구요, 정말 가난한 사람들이 사는 곳도 있습니다. 타지마할이 바라다보이는 곳에 화장터도 있습니다.

정희성 시인이 어떤 식으로 인도여행을 했는지 모르겠지만, 아마도 아그라에서 혼자 사이클릭샤를 탔는가 봅니다. 그냥 아그라에서 볼 만한 곳을 가달라고 했는지 모르겠습니다. 그랬더니 릭샤왈라(릭샤를 운전하는 사람을 릭샤왈라라 부릅니다)가 시인을 태우고 무작정 가더니 타지마할이 건너다보이는 곳에 내려주었나 봅니다. 이를테면 타지마할의 강 건너편인 것이지요.

타지마할 근처로 가는 것이 일반적인데, 강 건너에서 바라보게 했다는 것은 아주 훌륭한 선택인 것 같습니다. 나름대로 릭샤왈라의 배려였던 것 같습니다. 그러나 시인은 그 뜻은 잘 모르고 '여기서 뭘 하란 말인가' 하는 생각이 들었나 봅니다.

인도인의 성지 야무나 강이 인도의 그 눈물겨운 역사를 보듬으며 흐르고 있고, 건너다보면 기념비적인 건축물인 타지마할이 보이고, 강물을 거슬러 올라가면 타지마할을 건축했던 샤자한이 아들에 의해 갇혔던 아그라성이 보이는 곳. 그야말로 눈물과 영광과 축복과 저주가 교차하는 역사적인 장소에 내렸지만, 시인은 그저 릭샤왈라를 바라볼 뿐입니다. 릭샤왈라가 바라보는 '내 뒤의 무엇인가'가 무엇인지를 생각해본 것은 아니었지만, 그것이 곧 시였음을 느꼈고, 그것이 이 짧은 시로 탄생했습니다.

"그의 눈길은 나를 지나 / 내 뒤의 무엇을 향해 있었는데 / 퀭한 눈으로 그가 건너다보는 세상이 / 어떤 것인지 알 수가 없었다"

그가 건너다보는 세상은 어떤 곳일까요? 그곳은 계급이 없는 세상이면 좋겠습니다. 모든 사람들이 부처인 세상이면 좋겠습니다. 부처와 중생이 따로 없는 세상이면 좋겠습니다. 그곳으로 가고 싶습니다.

가떼 가떼 빠라가떼 빠라상가떼 보디 스바하.
(가자 가자 저 언덕으로 완전한 깨달음을 위해 저 언덕으로 함께 가자 사바하.)

오늘은 힘들게 살고 있는 인도의 수많은 릭샤왈라를 위해 기도합니다. 그들이 부디 평온하고 건강하고 행복하기를.

3
장

사라지는
모든 것은
아름답다

그냥이라는 말

조동례

그냥이라는 말

참 좋아요

별 변화없이 그 모양 그대로라는 뜻

마음만으로 사랑했던 사람에게

전화를 걸어 난처할 때

그냥 했어요 라고 하면 다 포함하는 말

사람으로 치면

변명하지 않고 허풍 떨지 않아도

그냥 통하는 사람

그냥이라는 말 참 좋아요

자유다 속박이다 경계를 지우는 말

그냥 살아요 그냥 좋아요

산에 그냥 오르듯이

물이 그냥 흐르듯이

그냥이라는 말

그냥 좋아요

정견, 바르게 본다는 것은 곧 '있는 그대로 보는 것'입니다. '그냥'이라는 말은 '그 모양'이라는 말에서 파생된 것으로 '있는 그대로'라는 말입니다. 그러고 보니 '그냥'이라는 말이 명상과 관련된 용어처럼 느껴집니다. 명상의 핵심이 있는 그대로 보는 것이니까요.

오늘은 그냥 좋은 하루입니다.

그냥 행복한 하루입니다.

입동

감잎 한 장에
만 평 적막이 깃들어 있다

하늘길을 펄럭이며
기러기 날아와 등짐을 벗을 때까지
허공은 그걸 받아주려고
아래쪽 날줄을 팽팽히 잡아당길 것이다

나무가 매달았던 눅눅한 손자국들
우수수 바람에 쏠리며
서리 빗겨간 지상의 길을 동무 삼는다

흰 이마에 햇살 머물다 가듯
감잎 떨어져 누운 자리
밝다,
그 온기에 잠시 손을 쬐어본다.

"감잎 한 장에 / 만 평 적막이 깃들어 있다"

시를 읽자마자 이 문장의 '적막'에 푹 빠져듭니다. 오늘 마당에 떨어진 감잎 한 장 들어 올려 보십시오. 이 감잎 한 장에 얼마나 많은 햇볕이 담겨 있는가? 얼마나 많은 바람이 담겨 있는가? 얼마나 많은 수분이 이 감잎을 통해 감나무에 스며들었고, 또 공중으로 빠져나갔나 생각해보니, 낙엽이 된 감잎의 적막은 곧 감잎의 생애에 다름 아닙니다.

감잎은 두껍고 한쪽은 코팅이 되어 있습니다. 코팅된 쪽에 물을 부으면 물이 구슬처럼 또르르 굴러갑니다. 코팅은 햇볕과 시간이 만들어낸 것입니다. '햇볕과 시간'의 넓이를 염창권 시인은 '만 평'이라고 표현했습니다. '만 평'은 측량할 수 없다는 의미의 은유입니다. 그 표현 앞에 저는 적막합니다. 적막 속에서 그다음 구절을 읽습니다.

기러기가 사뿐히 날아와 등짐을 벗습니다. 이 구절에서도 마음이 짜안해집니다. 새들이 자유롭다고 생각하기 쉽지만, 사실은 자유롭지 않지요. 그들도 먹어야 한다는 욕망 속에서 생애가 무겁습니다. 새가 날아오르는 것은, 먹이가 있을까, 내 새끼에게 줄 먹이가 있을까 하는 '욕망의 비상'입니다. 비로소 땅 위에 내려올 때 등짐을 벗는 것인지 모르겠습니다.

허공이 기러기의 등짐을 받아주려고 "아래쪽 날줄을 팽팽히 잡아당길 것"이라는 시인의 통찰 혹은 관찰 앞에서 잠시 침묵. 그 침묵이 '시는 어떤 철학도 종교도 하지 않는 바로 이런 통찰 혹은 관찰을 하는 것이구나' 하는 생각을 끌어냅니다.

낙엽이 바람에 이리저리 쓸리는 모습을 "나무가 매달았던 눅눅한 손자국들 / 우수수 바람에 쓸리며 / 서리 빗겨간 지상의 길을 동무 삼는다"라고 묘사한 구절이 마치 겨울의 입구처럼 스산합니다.

지난 수요일에는 학인 스님들과 함께 교정의 낙엽을 열심히 치웠습니다. 오십견 온 팔로 빗자루질을 열심히 했더니, 다리에 무리가 갔는지, 저녁에 절을 하려는데 오른쪽 다리 근육이 뻣뻣해져 허리가 잘 굽혀지지 않았습니다.

낙엽을 치우며, 혹시 이 낙엽 빨리 치워버리고 쉬자! 하는 마음은 없었는지 생각해봅니다. 감잎 한 장에 만 평 적막이 깃들어 있다면, 낙엽 한 장 정리할 때도 그저 겸손하게 '당신이 계실 자리에 옮겨드립니다' 하는 마음이어야 하지 않을까요? 저의 다리 근육이 뻣뻣해진 것은 반성하라는 자연의 명령인 듯합니다.

이 시를 읽고 보니, 낙엽 한 장 떨어져 누운 자리, 그 자리가 참으로 따뜻하고 소중해 보입니다. 그 온기에 잠시 손을 쬐어보면서 진정 겸손한 마음으로 자연의 섭리에 귀의합니다.

겨울숲에서

이재무

겨울나무들의 까칠한 맨살을 통해

보았다, 침묵의 두 얼굴을

침묵은 참 많은 수다와 잡담을 품고서

견딘다는 것을 나는 알았다

겨울숲은 가늠할 수 없는 긴장으로 충만하다

산 이곳저곳 웅크린 두꺼운 침묵,

봄이 되면 나무들 가지 밖으로

저 침묵의 잎들 우르르 몰려나올 것이다

봄비를 맞은 그 잎들 뻥긋뻥긋,

입을 떼기 시작하리라

나는 보았다

너무 많은 말들 품고 있느라 수척해진

겨울숲의 검은 침묵을

오랜 세월을 지내온 나무들은 현자입니다. 그들은 날씨가 쌀쌀해지면 겨울이 다가오고 있음을 압니다. 겨울이 되면 그들은 욕심을 과감하게 내려놓아야 함을 압니다. 광합성을 도와서 자신을 살찌워주었던 이파리도 내려놓고, 씨앗을 품고 있는 열매도 내려놓고, 이파리나 열매를 위해 끌어올리던 양분도 더 이상 길어올리지 않고, 성장을 위해 마시던 물도 마시지 않아야 겨울 동안 얼어 죽지 않고 산다는 것을 압니다. 눈이 내리면 눈을 이불 삼아 아예 기나긴 겨울잠을 자야 한다는 것을 압니다.

수분을 흡수하여 피부관리를 했었지만, 피부관리를 중단했으니 나무의 맨살은 까칠해졌겠지요. 그 맨살을 통해 시인은 침묵의 두 가지 면을 봅니다. 하나는 수많은 수다와 잡담을 품고 있는 침묵이요, 다른 하나는 가늠할 수 없는 긴장으로 충만한 침묵입니다.

그 침묵이 봄이 되면 우르르 몰려나와 봄비를 맞으며 뻥긋뻥긋 입을 떼기 시작한답니다. 그러니까 겨울나무의 침묵은 너무 많은 말을 품고 있어서이고, 그래서 겨울나무의 얼굴은 그렇게 수척해진 것이랍니다.

많은 사람들은 봄을 맞은 나무들의 아름다운 언어를 더 듣고 싶어 합니다. 저는 봄나무의 아름다운 언어도 듣고 싶지만, 겨울나무의 표출하지 않은 말도 듣고 싶습니다. 보이지 않는 겨울

나무의 내면에 아름다운 봄과 여름과 가을이 담겨 있기 때문입
니다.

그 침묵의 언어를 듣기 위해 저는 오늘도 겨울숲을 찾습니다.

부석사 무량수

어디 한량없는 목숨 있나요

저는 그런 것 바라지 않아요

이승에서의 잠시 잠깐도 좋은 거예요

사라지니 아름다운 거예요

꽃도 피었다 지니 아름다운 것이지요

사시사철 피어 있는 꽃이라면

누가 눈길 한 번 주겠어요

사람도 사라지니 아름다운 게지요

무량수無量壽를 산다면

이 사랑도 지겨운 일이어요

무량수전의 눈으로 본다면

사람의 평생이란 눈 깜짝할 사이에 피었다 지는

꽃이어요, 우리도 무량수전 앞에 피었다 지는

꽃이어요, 반짝하다 지는 초저녁별이어요

그래서 사람이 아름다운 게지요

사라지는 것들의 사랑이니

사람의 사랑 더욱 아름다운 게지요

아미타부처님의 다른 이름은 무량수여래, 무량수불입니다. 무량수불은 무량한 수명의 부처님이란 뜻으로 아미타유스Amitāyus의 의역意譯입니다. 아미타부처님의 다른 이름은 무량광無量光이기도 한데요, 이는 아미타바Amitabha의 의역입니다.

화신불化身佛인 석가모니부처님께서 일정 수명을 사셔야 한다면, 보신불報身佛인 아미타부처님께서는 무량한 수명을 사신다는 것이지요.

부석사 무량수전은 우리나라에서 가장 오래전에 지어진 목조 건물로도 유명하지만, 배흘림기둥의 아름다움을 유감없이 보여주는 건물로 사랑받고 있습니다. 저에게는 건축물보다도 부석사에서 내려다보이는 첩첩산중 산하의 시원스런 장관이 눈에 선합니다. 오늘은 그 모습을 그리면서 참선에 들어도 괜찮을 것 같습니다.

그 한없는 수명의 무량수전 아미타부처님 앞에서 정일근 시인은 하필 사랑하는 이를 위해 짧은 수명을 기꺼이 바친 '선묘'라는 여인의 순정을 노래합니다. 아시지요? 한 번도 만나본 적 없지만, 선묘는 누구나 아는, 모르는 이 없는 영원한 처녀인 바로 그 여인입니다.

무슨 인연이었을까요? 의상대사는 당나라에 유학하면서 재가 신도의 집에 머무른 적이 있는데, 그 집 딸이 바로 선묘입니다. 선묘는 의상대사의 여법한 위의와 열정적인 구도행에 반하여 스님을 평생 사모하며 모시기로 결심합니다.

의상대사가 당나라에서 공부를 마치고 돌아가는 길, 선묘의 집에 들렀으나 또 무슨 인연이었는지 그때 선묘는 집에 없었습니다. 뒤늦게 의상대사가 다녀갔다는 얘기를 듣고 선묘는 그동안 의상대사를 위해 정성을 다해 만들어놓았던 가지가지 선물을 들고 부리나케 항구로 갔지만, 배는 이미 떠나고 없었습니다. 그녀는 바다에 몸을 던지면서 소원을 빌었습니다.

"내가 바다의 용이 되어 스님의 배가 순항할 수 있도록 지키겠다."

그렇게 선묘는 용이 되어 의상대사가 타고 가는 배 밑바닥을 받치면서 호위했고, 그녀의 마음은 의상대사가 기거하는 곳이면 어디든 따라갔습니다. 의상대사가 왕명으로 봉황산(지금은 소백산이라고 하지만, 그때는 봉황산이었습니다)에 절을 지으려고 하는데, 500여 명의 도둑들이 방해하는 것이었습니다. 선묘는 허공에 둥둥 떠다니는 바위가 되어 하늘과 땅을 오르내리면서 도둑들을 위협하여 쫓아버렸습니다. 이후 그 바위는 부석사에 영원히 머물게 되었고, 절 이름은 '뜬 바위'라는 뜻의 '부석浮石'이 되었습니다.

정일근 시인은 무량한 수명의 아미타부처님을 모신 무량수전에서 짧은 생애를 살다 간 선묘를 생각하며 "어디 한량없는 목숨 있나요 / 저는 그런 것 바라지 않아요 / 이승에서의 잠시 잠깐도 좋은 거예요/ 사라지니 아름다운 거예요"라고 노래합니다. 사람들은 영원한 사랑을 원하고, 좋은 것이 영원하지 않아서 괴로워하지만, 생각해보면 사랑도 우리가 좋아하는 것도 영원하지 않아서 아름다운 것입니다.

"꽃도 피었다 지니 아름다운 것이지요 / 사시사철 피어 있는 꽃이라면 / 누가 눈길 한 번 주겠어요"

봄에 일시적으로 화알짝 피어나니 우리는 봄꽃을 찬양하는 것이요, 그것이 일시적으로 사라지니 아쉬웠다가 이듬해에 다시 피어나니 또 반가운 법이지요. 사람도 그렇답니다. 사라지니 아름답습니다.

오늘은 사라지는 것들을 아쉬워한다기보다는 사라지는 모든 것들에게서 아름다움을 발견하는 시간 가져보는 것도 괜찮겠습니다.

호랑나비 돛배

고진하

홀로 산길을 오르다 보니,
가파른 목조계단 위에
호랑나비 날개 한 짝 떨어져 있다.
문득
개미 한 마리 나타나
뻘뻘 기어오더니
호랑나비 날개를 턱, 입에 문다.
그리고 나서
제 몸의 몇 배나 되는
호랑나비 날개를 번쩍 쳐드는데
어쭈,
날개는 근사한 돛이다.
(암, 날개는 돛이고말고!)
바람 한 점 없는데
바람을 받는 돛배처럼
기우뚱
기우뚱대며

산길을 가볍게 떠가고 있었다.
개미를 태운
호랑나비 돛배!

참 진귀한 풍경이군요. 개미가 호랑나비의 날개를 운송하는 장면! 호랑나비 날개를 뭐에 쓸까요? 그것도 식량이 될까요? 아니면 바람막이? 아니면 그 위에 누워서 잘 수 있는 침대?

호랑나비 날개를 입에 문 개미가 천천히 걸어갑니다. 개미보다 몇 배나 큰 날개 덕분에 개미가 호랑나비 날개를 메고 가는 것이 아니라 마치 호랑나비 돛배에 개미가 타고 가는 것같이 보입니다.

어쩌면 우리들의 삶도 그렇습니다. 우리의 날개가 되어주는 것들이 우리 몸과 마음보다 훨씬 거대합니다. 그러다 보니 우리가 짊어지고 가는 것 같은 그 날개가 사실은 우리를 태우고 가는 형국입니다.

어찌 되었건 조화가 중요합니다. 날개를 힘겹게 메야 할 때도 있지만, 날개 돛배에 불어오는 바람의 힘으로 힘 안 들이고 움직일 때도 있습니다. 어떤 경우도 잠시인 것 같습니다. 힘겨운 것도 잠시, 즐거운 것도 잠시입니다. 힘겨울 때는 잠시라는 것을 생각하여 가볍게 이겨내시고, 즐거울 때는 공덕을 저축하시기 바랍니다.

물오징어를 다듬다가

유안진

네 가슴도 먹장인 줄 미처 몰랐구나
무골호인無骨好人 너도 오죽했으면
꼴리고 뒤틀리던 오장육부가 썩어 문드러진
검은 피 한 주머니만 껴안고 살다 잡혔으랴
바닷속 거기도 세상인 바에야
왜 아니 먹장가슴이었겠느냐

나도 먹장가슴이란다
연체동물이란다
간도 쓸개도 배알도 뼛골마저도 다 빼어주고
목숨 하나 가까스로 부지해왔단다
목고개 오그려 쪼그려
눈알조차 숨겨 감추고
눈먼 듯이, 귀먹은 듯이, 입도 없는 벙어린 듯이
이 눈치 저 코치로
냉혹한 살얼음판을 어찌저찌 헤엄쳐왔단다

비늘옷 한벌 없는 알몸으로 태어난 너도, 나와 다름아니다. 남의 옷 한가지 탐낸 적 없이 맨몸으로 살았던 너의 추위 너의 서러움을 나도 안다, 알고 있는 우리끼리 이렇게 마주친 희극적 비극의 비극적 우연도, 어느 생애 지어 쌓은 죄갚음이라 할 건가.

물속에 사는 동물들 중에는 연체동물이 꽤 많습니다. 물속에 사는 동물들은 물의 부력이 적당히 받쳐주기 때문에 허공중에 서 있거나 날아야 하는 동물들과 달리 뼈가 약하거나 아예 없는 경우가 있습니다. 뼈가 없는 연체동물로는 오징어나 낙지, 문어, 꼴뚜기 등이 대표적입니다.

그런데 사람들 중에도 연체동물이 꽤 많답니다. "간도 쓸개도 배알도 뼛골마저도 다 빼어주고" 흐물흐물, 좋은 말로 하면 유연하게 살고 있는 사람들이 많답니다. 이른바 '사회적 약자들'이 그렇게 살아야 하는 경우가 있고, 때로는 제법 강자라고 하는 사람들조차도 자신보다 더 강한 이들 앞에서는 연체동물처럼 "간도 쓸개도 배알도 뼛골마저도 다 빼어주고" 흐물흐물, 유연하게 사는 이들이 있답니다.

시인은 그런 연체동물 같은 사람의 입장에서, 혹은 본인도 연체동물처럼 살고 있다는 입장에서 이 시를 썼습니다. 시의 화자는 물오징어를 다듬다가 물오징어의 가슴에 먹주머니가 있는 것을 확인합니다. 아마도 위험에 처한 오징어가 일종의 연막탄을 터뜨리기 위해 가지고 있는 주머니 같습니다. 그 먹주머니를 보면서 화자는 "네 가슴도 먹장인 줄 미처 몰랐구나"라고 탄식합니다. 바로 자신이 먹장가슴이거든요. 무골호인으로서, 사람 좋다는 얘긴 들었지만, 그렇게 살다 보니 "꼴리고 뒤틀리던 오장육부가 썩어 문드러"져 주머니가 하나 생겼으니 그것이 바로 먹주머니입니다.

화자는 이렇게 물오징어를 다듬다가 "남의 옷 한가지 탐낸 적 없이 맨몸으로 살았던" 자신의 처지와 서러움을 물오징어에게서 확인합니다. "눈먼 듯이, 귀먹은 듯이, 입도 없는 벙어린 듯이 / 이 눈치 저 코치로" 연체동물처럼 살았음을 확인합니다. 동병상련, 서로를 응원해도 모자랄 판에, 오징어를 요리해야 하는 화자의 심정은 "어느 생에 지어 쌓은 죄갚음이라 할 건가" 하는 마음으로 아이로니컬합니다.

그러나 연체동물처럼 살았던 사람들이여! 이제 당당해집시다. "눈먼 듯이, 귀먹은 듯이, 입도 없는 벙어린 듯이 / 이 눈치 저 코치로" 사시지 말고, 부처님의 가르침대로 '나'를 내세우지 않고 '나의 것'에 집착하지 않았음을 자랑스러워하며, 당당하게 사십시다. 가슴에 서러움과 비굴함의 먹주머니를 비우고, 세세생생 공덕을 쌓아 사람으로 태어났고 부처님 가르침을 만났다는 자부심을 그 주머니에 채웁시다. 우리는 충분히 그럴 자격이 있습니다.

뿔

사나운 뿔을 갖고도 한번도 쓴 일이 없다
외양간에서 논밭까지 고삐에 매여서 그는
뚜벅뚜벅 평생을 그곳만을 오고 간다
때로 고개를 들어 먼 하늘을 보면서도
저쪽에 딴 세상이 있다는 것을 알지 못한다

그는 스스로 생각할 필요가 없다
쟁기를 끌면서도 주인이 명령하는 대로
이려 하면 가고 워워 하면 서면 된다
콩깍지 여물에 배가 부르면
큰 눈을 끔벅이며 식식 새김질을 할 뿐이다

도살장 앞에서 죽음을 예감하고
두어 방울 눈물을 떨구기도 하지만 이내
살과 가죽이 분리되어 한쪽은 식탁에 오르고
다른 쪽은 구두가 될 것을 그는 모른다

사나운 뿔은 아무렇게나 쓰레기통에 버려질 것이다

이 시를 읽어보니, 축생으로, 특히 소로 태어나는 것이 무조건 나쁜 것만은 아니라고 느껴집니다. 소로 태어난다면 남에게 특별히 나쁘게 할 일이 없고, 특히 농사짓는 소가 되면 평생 봉사하게 될 것입니다. 젖을 짤 수 있는 소가 되면 저절로 보시도 하게 되지요. 그렇게 평생 묵묵하게 희생하다가 마침내 죽게 되면, 살은 사람들의 먹이가 되고, 뼈는 푹 고아져서 사골국물이 되고, 가죽은 구두가 되거나 장갑이 되거나 가죽점퍼가 됩니다. 그렇게 보살행을 하면서도 소는 보살행을 한다는 생각조차 하지 않으며, 따라서 어떤 보상도 바라지 않습니다. 그런 생을 한 번쯤 산다면 큰 공덕이 되지 않을까, 큰 공덕까지는 안 되더라도 그런 생을 살아보는 것도 괜찮지 않을까 생각해봅니다.

우리는 큰 복을 받아서 축생으로 태어나지 않고 사람으로 태어났습니다. 사람으로 태어나서 참 여러 가지 복락을 누리고 있습니다. 소보다는 몇 배를 누리면서도 우리는 불만입니다.

어린 시절, 아버지와 함께 쟁기질을 하곤 했는데, 아버지는 뿔이 아직 여물지 않은 소의 코뚜레에 고삐를 하나 매어서 그걸 잡고 소를 안내하게 했습니다. 소는 제가 가는 대로 쟁기를 끌면서 묵묵히 따라왔습니다. 가끔 다른 길로 가려고 하면 고삐를 잡아당겨 바른 길로 인도하면 되었지요. 세월이 흘러 소뿔이 단단하게 여물면 내가 안내하지 않아도 소는 제 갈 길을 알았습니다.

소가 뿔을 사용하는 일은 드뭅니다. 그럼 저 뿔은 왜 있단 말인가? 순하디순해서 공격성이라곤 없는 소로서는 뿔이라도 있어서 다른 짐승이 함부로 덤비지 못하도록 한 것일지도 모르겠습니다.

우리 집에 온 소들은 모두 실컷 일만 하다가 어느 정도 나이가 들면 집을 떠나야 했습니다. 집 떠난 소들은 어디로 갔을까요? 신경림 시인이 그 소들의 소식을 한꺼번에 전해줍니다. "도살장 앞에서 죽음을 예감하고 / 두어 방울 눈물을 떨구기도 하지만 이내 / 살과 가죽이 분리되어 한쪽은 식탁에 오르고 / 다른 쪽은 구두가 될 것"이라고요.

시인은 쓸모없는 뿔은 쓰레기통에 버려질 것이라고 예측합니다. 소의 유일한 무기이자 장식품이기도 한 뿔은, 다시 말해 소가 유일하게 악업을 짓는 데 사용할 수 있는 그 도구는 죽어서도 쓰이지 않습니다.

내가 갖고 있으면서도 쓰지 않아야 할 소의 뿔과 같은 무기는 무엇일까? 소가 분노할 때만 뿔을 쓴다는 것을 감안할 때, 그것은 '분노'가 아닐까요?

승속 사이에 있는 것

빈둥빈둥 놀던 보살이 먼 길 다녀오신 스님께 밥이 없다며
기어코 마을 식당 쌈밥집에 들었지요
온갖 야채 푸짐히 나온 뒤 불판이 놓이고 그 위로
삼겹살이 얹혔는데요
노스님은 상추 몇 잎 손바닥에 펴들고
무심코 고기 한점 집다가 얼른 놓았어요
보살은 속으로 히히거리며 젓가락질을 빨리 하는데
푸성귀와 김치만으로 밥 한그릇 떠억 비운 노스님이,
잘 되얐다, 이참에 꼭 대접할 이가 따로 있다시며
식당 주인을 불러 다 구워놓은 삼겹살을 포장시키는 거예요
실컷 먹지 못해 볼이 부은 보살이
구운 삼겹살이 담긴 비닐봉지 달랑
터덜터덜 노스님 따라 절로 들어서는데
장독대 위에 늘어져 있던 고양이가 야아옹
댓돌 위 고무신을 물고 흔들던 강아지가 멍멍멍
대추나무 볼 붉은 대추알도 덩달아 흔들거려요
노스님이 법당을 오르시며 보살에게 턱짓을 하셨지만요

135

보살은 희번득 입가에 미소 흘리고요

햇살 가득한 마당에 첨벙첨벙 발을 담그며

새끼 밴 고양이와 철없는 강아지는 스님만 쫓아가지요

박규리 시인과는 별 인연이 없지만, 시인은 불교와 꽤 인연이 깊은 것 같습니다. 시집을 보면 절집에서도 오래 사신 것 같습니다. 동국대 선학과에서 박사학위를 받기도 했지요.

그럼에도 박규리 시인을 처음 만난 것은 해남 대흥사에서 '선시포럼'을 할 때였습니다. 그때도 제가 심포지엄 당일에 갔기 때문에 오래 얘기할 기회는 없었습니다. 다음에 만나면 절집 인연에 대해 꼭 묻고 싶습니다.

출가하면서 이제 고기와는 안녕이라고 생각했는데, 출가하고 보니 그렇진 않더라구요. 해인사 행자생활 하던 중 별좌스님께서 목욕하러 가자고 하시더군요. 절에서 샤워하기는 하지만, 고된 공양간 일을 하다 보면 정말 삭신이 쑤시거든요. 그걸 풀어주기 위해서는 목욕탕에서 충분한 시간을 갖고 휴식하는 것이 필요합니다.

별좌스님께서는 목욕하기 전에 먼저 식당에 들르더군요. 식당에는 고기가 있었습니다. 고된 행자생활 중 영양을 보충해주어야 한다는 것이 별좌스님의 설명이었습니다. 처음에는 머뭇거렸지만 막상 첫 젓가락을 대고 보니 너무 맛있어서 많이 먹었습니다.

부처님께서도 탁발하시는 중에 음식을 가리지 않으셨기 때문에 고기를 드셨습니다. 수행 중에 고기를 먹지 않는 것이 필요할 수도 있지만, 스님들에게 고기가 절대적으로 금지된 것은 아니었습니다.

박규리 시인의 시로 돌아갑니다.

스님이 안 오실 줄 알았는지 밥을 해놓지 못한 공양주 보살이 스님을 모시고 기어코 마을 쌈밥집으로 갑니다. 불판 위에서 삼겹살이 잘 익자 노스님은 상추쌈에 삼겹살을 한 점 얹으시려다 내려놓았습니다. 그리고는 푸성귀와 김치만으로 밥 한 공기를 다 비우셨지요.

노스님이 고기를 드시지 않으니 공양주 보살도 눈치 보다가 양껏 먹지 못했나 보지요. 삼겹살이 꽤 남았습니다. 노스님은 삼겹살을 포장해달라고 해서 공양주 보살에게 들렸습니다.

절에 오니 장독대 위에 늘어져 있던 고양이가 야옹, 댓돌 위 고무신을 물고 흔들던 강아지가 꼬리를 흔들며 반깁니다. 노스님은 보살에게 개와 고양이에게 먹이를 주라며 턱짓을 했지만, 보살은 입가에 미소만 흘립니다. 새끼 밴 고양이와 철없는 강아지는 고기를 든 보살을 따라가지 않고 노스님을 따라갑니다. 절에서 살다 보니 개와 고양이도 채식을 주로 하게 되었고, 고기 냄새도 별로 좋아하지 않게 되었을까요?

절집에서 드물게 있을 법한 소소한 이야기를 덤덤하고 익살맞게 그렸습니다. 시는 특별한 곳에만 있지 않습니다. 우리들의 일상 속에 시가 있습니다.

되돌아보는 저녁

공광규

자동차에서 내려 걷는
저녁 시골길
그동안 너무 빨리 오느라
극락을 지나쳤을지 모른다는 생각을 해본다

어디서 읽었던가
인디언들은 말을 타고 달리다가
영혼이 뒤따라오지 못할까봐
잠시 쉰다는 이야기를

발등을 스치는 메뚜기와 개구리들
흔들리는 풀잎과 여린 들꽃
햇볕에 그을린 시골 동창생의 사투리
당숙모가 차리는 시골 밥상

나물 뜯던 언덕에 핀
누이가 좋아하던 나리꽃 군락을 향해

자동차에서 내려 걷는
시골길 저녁

현대인은 대체로 빨리 걷는 버릇이 있습니다. 시간이 아까워서이지요. 어서 직장에 가서 일하거나, 어서 학교에 가서 공부하기 위해 길바닥에 버리는 시간을 줄이는 것입니다. 빨리 걷는 것만으로는 안 되어 자동차를 타고, 더 빠른 교통수단을 이용하기도 합니다. 빠르게 이동하다 보면 얼마나 많은 아까운 풍경을 놓치는지, 천천히 걸어본 사람은 압니다.

요즘 저는 구름산을 천천히 돌면서 산과 대화합니다. 사찰 옆 최참판 무덤 주위에는 아름드리 소나무가 있습니다. "무덤 앞을 지나가도 되겠습니까?" 소나무는 묵언으로 허락해주지요. 조금 더 오르면 제 쉼터가 나옵니다. 관악산이 훤히 건너다보이는 곳, 그 옆에는 마치 어머니의 젖가슴처럼 포근한 쌍둥이 봉우리가 바쁜 마음을 넉넉하게 치유해줍니다. 숲에서는 오색딱따구리가 연신 나무를 쪼아 구멍을 만들고 있고요. 청설모가 이리저리 헤매면서 '도토리를 어디에 숨겨두었더라', 숨겨둔 도토리를 찾지만, 도토리는 땅속에서 숨죽인 채 모습을 나타내지 않지요.

바위 위에서 가부좌하고 앉아 있다가 쌀쌀한 기운이 무릎으로 들어오면 일어나 다시 걷습니다. 이런 여유를 가질 수 있다는 것, 그것 자체가 극락 아닐까요? 극락은 지극한 쾌락이 아니어서 뛸 듯이 기쁜 것도 아니요, 괴로워서 머리를 쥐어뜯는 것도 아닌, 평범한 일상의 여유가 아닐까 생각해봅니다.

시인은 시골길을 만나 자동차에서 내려 천천히 걷습니다. '너무 빨리 오느라 극락을 지나쳤을지 몰라.' 시인은 어떤 인디언들이 말을 타고 달리다가 영혼이 따라오지 못할까봐 잠시 멈추어 간다는 얘기를 들은 적이 있습니다. 2월, 아직 공기는 쌀쌀하고 땅도 얼어 있지만, 천천히 걷다 보면 마른 풀잎들 사이에서 언 땅이 벌써 따뜻한 김을 뿜어 올리는 것이 보입니다.

저는 2월을 참 좋아합니다. 2월은 아직 한겨울이지만, 생명이 약동하는 기운이 느껴지기 때문이지요. 2월의 대표적인 절기인 입춘立春이라는 말대로 2월은 봄을 세우는 계절입니다. 정말이지, 2월의 차가운 기운은 한참 멀리 있는 것 같은 "발등을 스치는 메뚜기와 개구리들 / 흔들리는 풀잎과 여린 들꽃 / 햇볕에 그을린 시골 동창생의 사투리 / 당숙모가 차리는 시골 밥상"을 이미 가슴 가득히 품고 있습니다. 2월의 잘 보이지 않는 약동이 은근히 보이고, 잘 들리지 않는 봄의 심장박동이 어렴풋이 들릴 때, 저는 벅찬 감동 속에서 이곳이 바로 극락임을 확신하는 것입니다.

어찌 2월뿐이겠습니까! 자연은 있는 그대로 극락입니다. 겨울은 춥지만, 차가운 기운의 범상치 않은 풍경이 있고, 여름은 덥지만, 뜨거운 생명력이 뿜어 올리는 잊을 수 없는 풍경이 있습니다.

누구나 특별히 좋아하는 계절이 있겠지만, 나물 뜯던 언덕에 나리꽃 군락이 없더라도, 바로 지금 천천히 걸으면서 맞이하는 계절은 언제나 극락이지요.

자동차를 타고 부모님이나 친척이나 고향 친구를 만나러 가다 덜커덩거리는 시골길을 만나면, 거기서부터는 한번 걸어가보세요. 옛날 임금들이 부처님이나 고승대덕들을 만나러 갈 때 어느 정도 거리를 두고 가마에서 내려 걸어갔듯이, 목적지를 앞두고 어느 정도 걷다 보면, 우리가 이미 도달해 있는 극락을 놓치는 일은 없을 거예요.

햇빛이 말을 걸다

권대웅

길을 걷는데
햇빛이 이마를 툭 건드린다
봄이야
그 말을 하나 하려고
수백 광년을 달려온 빛 하나가
내 이마를 건드리며 떨어진 것이다
나무 한 잎 피우려고
잠든 꽃잎의 눈꺼풀 깨우려고
지상에 내려오는 햇빛들
나에게 사명을 다하며 떨어진 햇빛을 보다가
문득 나는 이 세상의 모든 햇빛이
이야기를 한다는 것을 알았다
강물에게 나뭇잎에게 세상의 모든 플랑크톤에게
말을 걸며 내려온다는 것을 알았다
반짝이며 날아가는 물방울들
초록으로 빨강으로 답하는 풀잎들 꽃들
눈부심으로 가득 차 서로 통하고 있었다

144

봄이야
라고 말하며 떨어지는 햇빛에 귀를 기울여본다
그의 소리를 듣고 푸른 귀 하나가
땅속에서 솟아오르고 있었다

그런 경험 있으신지요? 길을 걷는데, 햇빛이 이마를 툭 치는 느낌. 저는 이마를 툭 친다기보다는 이마를 만진다는 느낌이 들 때는 있었습니다. 그때 햇빛이 하는 말, "봄이야!" 이 얼마나 따뜻하고 가슴 설레는 말입니까?

이 사건에 대해 권대웅 시인은 이렇게 말합니다.

"그 말을 하나 하려고 / 수백 광년을 달려온 빛 하나가 / 내 이마를 건드리며 떨어진 것이다"

햇빛들은 그저 태평한 것 같은데, 사실 "나무 한 잎 피우려고 / 잠든 꽃잎의 눈꺼풀 깨우려고" 그야말로 먼 거리를 달려왔답니다. 태양에서 지구까지의 거리는 대략 1억 5천만 킬로미터, 태양빛이 지구까지 도달하는 시간은 8분 20초가량이랍니다. 다시 말해 태양에서 길을 떠난 빛이 8분 20초 만에 지구에서 우리를 만난다는 것이지요. 짧은 시간이라 할 수도 있지만, 빛이 워낙 빠르잖아요, 참 먼 거리입니다. 반갑습니다! 햇빛이여! 먼 길 오느라 수고하셨습니다.

시인은 햇빛을 보면서 문득 이 세상의 모든 햇빛이 우리에게 뭔가 얘기해주고 있다는 것을 알았습니다. 햇빛이 "강물에게 나뭇잎에게 세상의 모든 플랑크톤에게 / 말을 걸며 내려온다는 것을" 알았습니다. 뭐라고 말했을까요? 시인은 그중 한마디 말만 전해주었습니다.

"봄이야"

햇빛이 그 말만 했을까요? 조금씩 다른 말을 했을 수도 있습니다. "빨리 일어나!" "피곤하면 더 자!" "해가 중천이야!" "힘내!" "지화자!"

오늘은 햇빛이 뭐라고 하는지 귀를 기울여볼까요? 지금 햇빛이 말하는 소리를 들으며 푸른 귀 하나가 땅속에서 솟아오르고 있습니다.

햇빛과 나무와 풀과 새와 벌레와 땅과 하늘과 공기와 물과 바람이 합창합니다.

"봄이 왔네 봄이 와!"

5월

동명

이제는 독해져야겠다
나뭇잎이 시퍼런 입술로 말했다
이제는 독해져야겠다
나뭇잎이 시퍼런 입술로 말했다

내 친구들이 독해지고 있기 때문이다
성공한 내 친구들이 독해지고
성공하려는 내 친구들도 독해지고
실패한 친구들도 독해지고 있기 때문이다

달라진다는 것은 외로워진다는 것
독해지지 않겠다는 것은 아니지만
나라도 달라질 수는 없을까
달팽이가 갑옷을 입고 풀잎에 앉을 때
민달팽이가 맨몸으로 맨땅을 기어가듯이

이제는 독해져야겠다

달라지지 않겠다는 것이 아니라
이제는 독해져야겠다 이제는 독해져야겠다
나뭇잎이 또 시퍼런 입술로 말했다

5월이면 그야말로 나뭇잎이 푸르러질 대로 푸르러지지요. 그 나뭇잎들을 보면서, 나뭇잎들이 마치 "이제는 독해져야겠다"고 끊임없이 되새기는 것처럼 느껴졌습니다.

이 힘든 세상에서 살아가려면 우리도 독해져야 하지요. 어렸을 때 제게, 저뿐만 아니라 저와 형에게, 어른들이 자주 해주셨던 말이 있습니다. "사람이 너무 착하면 세상 살기 힘들다"는 것이었습니다. (이웃 사람들이나 친척들이 보기에 저희 형제가 너무 착해 보였나 봅니다.)

실로 그렇지요. 세상을 알아간다는 것은 어쩌면 조금씩 독해지는 것인지도 모릅니다. 대부분의 사람들은 남들도 자신처럼 착하리라고 생각했다가 철이 들어가면서 크고 작게 당한 경험이 있을 겁니다. 그러다 보면 이렇게 살아서는 안 되겠구나, 하고 조금씩 독해지는 것이지요.

그러나 점점 독해지다 보면 어느새 세상을 부정적으로 보는 버릇이 생기게 되지요. 세상이 모두 내게 비협조적인 것 같고, 그리하여 더욱더, 최대한 독해지려고 합니다. 때로 성과를 내기도 하지만, 언제나 잘되기만 하는 것은 아니며, 잘되었다 해도 그 정도로는 만족하지 못하게 되지요. 힘들다 생각하면 더욱더 독해지고, 그렇게 세월은 갑니다.

독해진다는 표현을 썼지만, 그것은 시에서이구요, (시는 마음대로 읽으셔도 좋습니다) 인생에서는 독해지기보다는 강해져야 합니다. 어떤 좌절에도 쉽게 굴하지 않는 굳건한 용기와 끈기를 갖는 것, 그것이 강해지는 것입니다.

강해지는 것은 부드러워지는 것이기도 합니다. 진정 강한 이는 모든 일에 경직되지 않고 부드럽게 임합니다. 그러면서도 해야 할 일을 척척 해내지요.

5월, 독해지지 말고 강해집시다.

섬망*

전영관

병실에서 법고가 운다

북채의 타격음이 아니라 채로 길게 문지르는 소리

평생 독경으로 무두질했을 견고한 소리

간병인이 물수건으로 몸을 닦을 때

아프다고 터져나오는 소리

절에서 왔다는 혜운 스님이 운다

병들지 않았다면 음성도 우렁우렁할 스님

차가움과 뜨거움을 통증으로 착각하는 내 왼손처럼

물수건 닿는 자리마다 낯선 감각일 테지

거죽을 벗기는 듯 쓰라리고 화끈거리겠지

울음소리가 새벽의 바닥을 기어간다

통증은 언어 바깥의 것이다 알아듣지 못할 대화를

간병인과 나눈다 통증에 막다른 골목으로 몰렸나 싶으면

엄마……

엄마……

불경 필사를 했어도 절반은 마쳤을 노승께서

아미타불 대신에 엄마, 엄마를 부른다

152

부처는 넓고 크고 엄마는 깊고 질기다고 되뇌며

젖은 베개를 베고 돌아눕는다

아득한 소리를 따라 부른다

* 뇌경색 환자에게 나타나는 환각.

섬망譫妄

표준국어대사전 : 외계外界에 대한 의식이 흐리고 착각과 망상을 일으키며 헛소리나 잠꼬대, 또는 알아들을 수 없는 말을 하며, 몹시 흥분했다가 불안해하기도 하고 비애悲哀나 고민에 빠지기도 하면서 마침내 마비를 일으키는 의식 장애. 만성 알코올 의존증, 모르핀 중독, 대사 장애 따위에서 볼 수 있다.

고려대한국어사전 : 의식 장애意識障碍의 하나. 급성 외인성外因性 반응 증상으로서 나타나며, 사고 장애, 양해나 예측의 장애, 환각이나 착각, 망상적인 착상이 있고, 때로는 심한 불안을 수반한다. 알코올, 모르핀의 중독, 노인 치매老人癡呆, 정신 질환, 고열, 독혈증, 대사 장애代謝障碍 등에서 나타난다.

뇌 손상 환자들만 모이는 병동에 한 노승이 들어오셨습니다. 평생 열심히 수행했어도 육신의 고통이 없어지는 것은 아니지요. 부처님께서도 말년에 병이 나셨을 때 '알아차림'으로써 이겨내긴 하셨지만, 통증은 안고 계셨습니다.

부처님께서는 생노병사의 문제를 해결하셨다고 하셨습니다. 그러나 노병사가 없어진 것은 아닙니다. 다만 그것들을 대하는 태도에 따라 노병사의 고통을 문제없이 이겨낼 수 있다는 것이지요.

오늘 아픈 모든 사람들이 부처님의 가르침을 제대로 이해하고 실천하여 이겨낼 수 있기를 기원합니다.

들국화

송기원

그대와 나는 어쩌면 그렇게도 무지할 수 있었을까요.
십 년도 넘게 피투성이가 되어 찾아 헤매던 것이
찾다가 지쳐 끝끝내 서로를 할퀴게 하던 것이
들판의 여기저기 아무렇게나 피어나서
저리도 선명한 빛깔로 나부끼고 있습니다.
결코 어렵지 않게, 한 잎 추상도 없이
그대와 내가 서로 할퀸 자국을 어르고 있습니다.

송기원 선생님은 참 배짱 있는 분이시고, 낭만주의자이시면서, 구도자이기도 한 매우 특별하신 분입니다. 젊은 시절에는 민주화 운동을 하다가 투옥된 것이 한두어 번 될 겁니다. 한때 인도에서 2년인가 거지처럼 생활하면서 도를 닦으신 적도 있고, 국내에서도 탁발하면서 여행하신 적이 있습니다. 지금도 어느 절에 가서 스님이 되었다는 소식이 있는데, 확실하게 확인하진 못했습니다.

저하고도 특별한 인연이 있습니다. 제가 '인도를생각하는예술인모임'을 만든 적이 있는데, 바로 송기원 선생님과 정무진 선생님의 제안을 받아서였습니다. 그리고 제가 출가할 때 송기원 선생님을 만나지 않았음에도, 묘하게 중흥사 신도 중에 송기원 선생님의 친척인 송종이 보살님과 정석집 거사님이 계셔서 선생님의 소식 듣고 있습니다.

위 시를 읽으니 가슴이 아프기도 하고, 마음이 확 밝아지기도, 따뜻해지기도, 희망이 솟아나기도 하네요. 그토록 찾아 헤매던 것이 사실은 들에 무수히 피어나는 들국화처럼 흔한 것이었다니, 우리에게 이미 있었던 불성을 모르고 먼 데서 찾아 헤맸다는 것이 가슴 아프지만, 그렇게 찾아 헤맸기에 지금 나에게 오롯이 있는 불성을 발견했다는 환희가 함께 교차하는 느낌입니다.

송기원 선생님도 그렇고 저도 그렇고, 문학활동을 통해, 민주

화운동을 통해, '인도를생각하는예술인모임'과 같은 여행이나 공부를 통해 치열하게, 과장하면 피투성이가 되어 '진리를' 찾아 헤맸지만, 지금은 머리를 깎고야 발견합니다.

바로 여기 우리들의 모습, 그야말로 가장 평범한 모습이 가장 빛나는, 우리가 찾고 있는 '바로 그것'이었다는 것을!

4
장

늘
여여하소서

민지의 꽃

정희성

강원도 평창군 미탄면 청옥산 기슭
덜렁 집 한채 짓고 살러 들어간 제자를 찾아갔다
거기서 만들고 거기서 키웠다는
다섯살 배기 딸 민지
민지가 아침 일찍 눈을 비비고 일어나
저보다 큰 물뿌리개를 나한테 들리고
질경이 나싱개 토끼풀 억새……
이런 풀들에게 물을 주며
잘 잤니, 인사를 하는 것이었다
그게 뭔데 거기다 물을 주니?
꽃이야, 하고 민지가 대답했다
그건 잡초야, 라고 말하려던 내 입이 다물어졌다
내 말은 때가 묻어
천지와 귀신을 감동시키지 못하는데
꽃이야, 하는 그 애의 말 한마디가
풀잎의 풋풋한 잠을 흔들어 깨우는 것이었다

생각해보면 세상의 모든 풀은 잡초이고, 더 생각해보면 세상의 모든 풀이 잡초가 아닙니다.

잡초와 잡초 아닌 것 중에 어떤 것이 행복할까요? 잡초는 누구의 간섭도 받지 않고 자유롭게 사는 경우가 많지만, 잡초 아닌 것들은 작은 화분 속에서 억압된 삶을 사는 경우가 많습니다.

누가 행복한지 판단하기 어렵습니다. 특별히 주목받는 사람과 전혀 주목받지 않는 사람 중에 누가 행복하다고 단정하기 어렵습니다.

세간의 주목을 받든 받지 않든 우리는 행복할 수 있습니다. 주목받든 주목받지 않든 지금 이 글을 읽는 사람은 시와 미와 사랑과 낭만을 아는 사람이기 때문입니다.

눈물은 왜 짠가

함민복

　지난 여름이었습니다 가세가 기울어 갈 곳이 없어진 어머니를 고향 이모님 댁에 모셔다 드릴 때의 일입니다 어머니는 차시간도 있고 하니까 요기를 하고 가자시며 고깃국을 먹으러 가자고 하셨습니다 어머니는 한평생 중이염을 앓아 고기만 드시면 귀에서 고름이 나오곤 했습니다 그런 어머니가 나를 위해 고깃국을 먹으러 가자고 하시는 마음을 읽자 어머니 이마의 주름살이 더 깊게 보였습니다 설렁탕집에 들어가 물수건으로 이마에 흐르는 땀을 닦았습니다

　"더울 때일수록 고기를 먹어야 더위를 안 먹는다 고기를 먹어야 하는데…… 고깃국물이라도 되게 먹어둬라"

　설렁탕에 다대기를 풀어 한 댓 숟가락 국물을 떠먹었을 때였습니다 어머니가 주인 아저씨를 불렀습니다 주인 아저씨는 뭐 잘못된 게 있나 싶었던지 고개를 앞으로 빼고 의아해하며 다가왔습니다 어머니는 설렁탕에 소금을 너무 많이 풀어 짜서 그런다며 국물을 더 달라고 했습니다 주인 아저씨는 흔쾌히 국물을 더 갖다 주었습니다 어머니는 주인 아저씨가 안 보고 있다 싶어지자 내 투가리에 국물을 부어주셨습니다 나는 당황하여 주인 아저씨를

162

흘금거리며 국물을 더 받았습니다 주인 아저씨는 넌지시 우리 모자의 행동을 보고 애써 시선을 외면해주는 게 역력했습니다 나는 그만 국물을 따르시라고 내 투가리로 어머니 투가리를 툭, 부딪쳤습니다 순간 투가리가 부딪치며 내는 소리가 왜 그렇게 서럽게 들리던지 나는 울컥 치받치는 감정을 억제하려고 설렁탕에 만밥과 깍두기를 마구 씹어댔습니다 그러자 주인 아저씨는 우리 모자가 미안한 마음 안 느끼게 조심, 다가와 성냥갑 만한 깍두기 한 접시를 놓고 돌아서는 거였습니다 일순, 나는 참고 있던 눈물을 찔끔 흘리고 말았습니다 나는 얼른 이마에 흐른 땀을 훔쳐내려 눈물을 땀인 양 만들어놓고 나서, 아주 천천히 물수건으로 눈동자에서 난 땀을 씻어냈습니다 그러면서 속으로 중얼거렸습니다

눈물은 왜 짠가

가난한 시인은 역시 가난하여 갈 곳이 없어진 어머니를 모시고 고향 이모님 댁에 모셔다드리려고 아마도 서울역으로 가는 길이었습니다. 차 시간도 남아 있고 해서 식당으로 갔습니다. 어머니는 중이염을 앓아서 고기를 드실 수 없었지만, 아들을 위해 설렁탕집에 갑니다.

어머니는 "더울 때일수록 고기를 먹어야 더위를 안 먹는다" 하시며, 자식에게 연신 더 먹으라고 권합니다. 설렁탕에 들어 있는 고기는 얼마 되지 않으니까 아들에게 국물이라도 더 먹게 하고 싶은 어머니는 소박한 '작전'을 폅니다.

어머니는 주인 아저씨를 불러 "글쎄, 소금을 많이 풀었더니 너무 짜네요. 국물 좀 더 주시겠어요?"라고 말씀하십니다. 주인 아저씨는 흔쾌히 국물을 더 부어주었습니다.

국물을 더 받은 어머니는 주인 몰래 아들의 투가리에 국물을 부어주시는 것이었습니다. '어머니, 그만 따르세요'라고 속으로만 말하면서 아들은 어머니의 투가리에 자기 투가리를 툭 부딪쳤습니다. 순간 투가리가 부딪치며 내는 소리가 아들에겐 어찌나 서럽게 들렸던지요. 울컥 치밀어오르는 감정을 억제하려고 아들은 깍두기를 마구 씹어댔습니다.

주인 아저씨는 아마도 이 상황을 못 본 척 다 본 것 같습니다. 아저씨가 조심스레 다가와 깍두기 한 접시를 살짝 놓고 가는 거였습니다.

아들은 흐르는 눈물을 감추려고 이마에 흐르는 땀을 볼로 내려놓고 물수건으로 땀을 닦았습니다. 그리고 속으로 생각했습니다.

'눈물은 왜 짠가?'

가난한 삶일지언정 이렇게 사랑하는 사람이 이 세상에 함께 있다면, 서로를 위하는 마음이 있다면, 우리는 행복합니다. 나를 위해 눈물 흘려줄 사람이 있다면 행복하고, 내가 눈물 흘리며 생각할 수 있는 사람이 있으면 행복합니다.

사랑은 인생의 수단이 아니라 목적입니다.

인생목록

흙으로 돌아가기 전
눈물 외에는
모두 반납해야 한다는
어느 노승의 방

구름 같은 이불
빗방울 같은 베개
바람 같은 승복
눈물 같은 숟가락
바다 같은 찻잔
낙엽 같은 경전

그리고
마주 보는 백척간두 같은
두 개의 젓가락과
허공의 바닥을 두드리는
낡은 지팡이 하나……

제가 만난 이산하 시인은 낭만주의자였으며, 매우 순수한 사람이었습니다. 학생 시절 순수한 열정으로 제주 4·3사건을 그린 〈한라산〉을 써서 곤욕을 치렀습니다.

이산하 시인이 스님들을 보는 눈도 그런 것 같습니다. 그는 극단적인 '무소유'를 실천하시는 스님을 보고 감동을 느끼는 것 같습니다. 괜찮습니다. 욕망에 사로잡혀 있는 이 시대에 그런 모습이 아름답기도 하니까요.

그러나 세상은 바뀌고 있는데, 불교는 바뀌지 않고, 스님들도 바뀌지 않는다면, 부처님을 바르게 계승했다고 보기 힘들 것입니다. 부처님 재세 시 그 시대에 맞는 생활방식이 있었듯이, 오늘날의 스님들에게는 오늘날에 맞는 생활방식이 필요합니다.

이산하 시인의 시 〈인생목록〉에 그려진 노승의 방이 감동적일 수 있습니다. 그러나 그것이 이 시대에 맞는 생활방식은 아닙니다. 저의 생활방식을 합리화하자는 것은 아닙니다. 제 방은 노승의 방과는 대조적으로 모니터가 두 대나 있고, 컴퓨터도 두 대나 있습니다. 유튜브 촬영을 위한 기기도 있습니다.

최소한의 것만으로 사시는 노승을 존경하기는 하지만, 이 시대 모든 스님이 그래야 한다고 주장하는 것은 옳지 않습니다.

우리 시대의 무소유는 집착하지 않는 데서 찾아야 합니다. 겉으로 보이는 것에 집착하면, 그야말로 '아무것도 가지지 않아야 하는 것'으로 착각할 수 있습니다.

법구경

임보

우이동牛耳洞 골짝에 성불사成佛寺라는 작은 비구니 절이 있는
데 그 밑에 맑은 샘물이 흘러 사람들이 늘 그 물을 얻으러 줄을
서 있다. 어느 날 기다리는 물통이 너무 많아 어정거리다 절의 경
내에 들어가 보았다. 법당은 보잘것없으나 수십 척의 큰 옥외 불
상佛像이 눈에 띄는 절인데 마당 한 귀퉁이에 상추밭 딸기밭이 뒤
평 일궈져 있는 것이 어느 여염집 뜰 같아 마음을 편안하게 한다.
뜰 앞에 조그만 표지판이 하나 서 있는데 거기에 다음과 같은 글
이 새겨져 있다.

총명한 지혜로 나를 높이지 말고
문자文字를 가려 남을 업신여기지 말라
지극한 도道에는 사람이 없고
참된 이치에는 나가 없느니라
부디 항상 나의 분수를 지키고
항상 나의 허물을 살피되
정직正直함과 검소儉素함으로 체體를 삼고
사랑과 인내로 용用을 삼으며

168

푸른 산과 흰 구름으로 삼으며
물과 달과 소나무와 바람으로
마음을 아는 벗을 삼으라
그러면 거의 도인道人일 것이다

— 법구경에서

법구면 부처님 말씀이 아닌가. 괜찮은 경구經句라는 생각이 들
었다. 대구對句의 조화도 아름답다. 그런데 제9행 "푸른 산과 흰
구름으로 삼으며"에서는 글의 아구가 맞지 않는다. '삼으며'의 목
적어가 비어 있다. 제 7, 8행에서의 '체'와 '용'의 관계처럼 제 11행
에서의 '벗'에 상응한 무엇이 있을 텐데 아마 기록자의 잘못으로
누락된 것일지 모른다.

빠져나간 그것이 무엇일까? 집? 가족? 스승? 내 나름대로 생
각을 굴리다가 스님에게 물어보기로 하고 승방의 문을 두드렸다.
40대의 비구니 하나가 문을 반쯤 열고 내다보는데 잠시 졸았던
눈빛이다. 이 비구니의 대답은 지나가는 어느 스님이 적어 주신
것을 그냥 그대로 붙여 놓고 있을 뿐이라고 한다.

물통을 지고 내려오는 내 마음이 여간 개운치가 않다. 푸른 산과 흰 구름으로 무엇을 삼든 그것이 그렇게 큰 문제가 아니련만 나는 마치 부처의 덫에라도 걸린 듯 그 '무엇'에 매여 묵직한 기분이었다. 그리고 한동안 그 일을 까마득히 잊고 있었는데 어느 날 조계사曹溪寺 앞을 지나다 문득 떠올라 그 잃어버린 부처님 말씀을 찾으려고 불경서점에 들어갔다.

김달진金達鎭 선생이 풀어놓은 법구경은 전 26품品 423장章으로 되어 있는데 그 책의 시말을 아무리 뒤져 봐도 성불사의 말씀은 보이지 않는다. 이 무슨 까닭일까. 법구경도 여러 이본異本이 있단 말인가. 몇 개의 다른 책들을 들춰 봐도 못 찾기는 일반이다. 도대체 어찌 된 일인가. 지나가던 어느 중 녀석이 부처의 이름을 빌어 자신의 말을 전한 것인가. 그렇게 생각이 미치자 성불사의 그 말씀이 너무 매끄럽고 사치스럽다는 느낌이 들었다. 순박한 맛이 없다. 건방진 도풍道風에 젖어 있다. 여기저기 속된 구멍들이 엿보인다. '문자를 가려'는 너무 기교스럽다. '체, 용'의 표현은 현학적인 역겨운 냄새가 난다. '소나무'는 무더운 나라 천축天竺에서는 어울리지 않는 침엽수가 아닌가. 굳이 이 나무를 빌어 부

170

처가 설법했을 리 없다. 이에 이르자 성불사의 그 말씀이 분칠한 여인의 얼굴처럼 천해 보이기까지 한다.

그리고 얼마나 지났던가 물을 얻으러 성불사에 다시 갔다가 한 방 얻어맞았다. 그 스님에게 저 법구法句를 법구경 어디에서 찾을 수 있는가고 또 물었다. 그랬더니 그 스님 안색을 바꾸며 귀찮다는 듯 이르기를 구句가 좋으면 그것으로 받아들일 일이지 왜 따지냐는 것이다. 마음 속에서 찾으란다.

물통을 메고 산을 내려오면서 곰곰이 생각해 보니 그 스님 말씀이 옳다. 그동안 자구字句에 매어 번거로워 했던 내가 얼마나 어리석었던 것인가. 시끄럽기만 한 아무 쓸모도 없는 세상의 그 말들 — 그 한 구절이 빠졌으면 어떻고 더 있으면 어떻다는 것인가. 그것이 법구가 아니라 이구李句면 어떻고 장구張句면 어떻단 말인가.

지나치게 분별하는 것도 문제가 있지만, 부처님은 대충 말씀하시는 분은 아니었습니다. 우리의 관념에는 분별하지 말라는 선불교의 가르침이 깊이 스며들어서 우리는 대충 넘어가기를 좋아합니다.

시인이자 국문학자이기도 한 임보 선생님은 학자답게 사찰에서 발견한 경구의 근거를 명확히 알아보려 했습니다. 그러나 끝내 그 근거를 찾지 못했습니다. 저는 그렇게 찾아보신 선생님이 참 감사합니다.

아예 분별하지 않는 것이 무조건 미덕은 아닐 것입니다.

분별하되 집착하지 않는 것이 옳을 것입니다.

겨울-나무로부터 봄-나무에로

나무는 자기 몸으로

나무이다

자기 온몸으로 나무는 나무가 된다

자기 온몸으로 헐벗고 零下영하 十三度십삼도

零下영하 二十度이십도 地上지상에

온몸을 뿌리박고 대가리 쳐들고

무방비의 裸木나목으로 서서

두 손 올리고 벌 받는 자세로 서서

아 벌 받은 몸으로, 벌 받는 목숨으로 起立기립하여, 그러나

이게 아닌데 이게 아닌데

온 魂혼으로 애타면서 속으로 몸속으로 불타면서

버티면서 거부하면서 零下영하에서

零上영상으로 零上영상 五度오도 零上영상 十三度십삼도 地上지상

으로

밀고 간다, 막 밀고 올라간다

온몸이 으스러지도록

으스러지도록 부르터지면서

터지면서 자기의 뜨거운 혀로 싹을 내밀고

천천히, 서서히, 문득, 푸른 잎이 되고

푸르른 사월 하늘 들이받으면서

나무는 자기의 온몸으로 나무가 된다

아아, 마침내, 끝끝내

꽃피는 나무는 자기 몸으로

꽃피는 나무이다

겨울나무가 봄나무가 되는 과정을 '힘차게' 그린 시입니다. 나무가 추운 겨울로부터 서서히, 천천히, 봄의 대기를 향해 돌진하는 모습이 보이는 것 같지 않습니까? 그리하여 정적인 이미지의 겨울나무가 동적인 이미지로 돌변하여 꽃 피는 나무가 되는 장면을 감동적으로 그려냈습니다.

제목에 '겨울나무'나 '봄나무'가 아닌, '겨울-나무'와 '봄-나무'로 표기한 것은 겨울과 나무가, 봄과 나무가 분절되어 움직이는 듯한 느낌을 불러일으킵니다. 그리하여 좀 더 역동적인 이미지가 된 나무가 앙리 베르그송의 개념 '생명의 비약élan vital'을 이룩하여 활발발한 내적 운동을 감행한 결과 나무는 마침내 꽃 피는 나무로 재탄생하는 것입니다. 사실상 재탄생하는 것이 아니라 본래부터 가지고 있는 나무의 속성이 외부의 조건과 결합하여 나타난 것이지요.

생각해보면, 나무는 애초부터 꽃 피는 나무의 속성을 가지고 있었던바, 나무와 꽃 피는 나무의 관계는 우리 중생들과 부처의 관계와 유사합니다. 우리 중생도 깨달으면 부처로 다시 태어나는 게 아니라, 이미 부처의 바탕을 가지고 있었던바, 그것이 수행이라는 동력을 만나 그 바탕이 발현되는 것일 뿐이라는 말입니다.

2월이 되면 나무의 심장박동이 달라짐을 느낄 수 있습니다.

나무에 귀를 대고 나무의 맥박이 움직이는 소리를 들어보십시오.

지금은 한겨울, 아무 움직임이 없는 것 같지만, 겨울나무는 봄나무가 되기 위해 명상 중입니다. 그런데 겨울나무는 봄나무와 다른 나무가 아니지요. 중생이 부처가 되기 위해 정진 중일 때, 중생도 이미 부처와 다르지 않은 것과 같습니다.

해바라기씨

정지용

해바라기씨를 심자
담모롱이 참새 눈 숨기고
해바라기씨를 심자.

누나가 손으로 다지고 나면
바둑이가 앞발로 다지고
괭이가 꼬리로 다진다.

우리가 눈 감고 한 밤 자고 나면
이실이 나려와 가치 자고 가고,

우리가 이웃에 간 동안에
해ㅅ빛이 입마추고 가고,

해바라기는 첫시약시인데
사흘이 지나도 부끄러워
고개를 아니 든다.

가만히 엿보러 왔다가
소리를 깩! 지르고 간 놈이—
오오, 사철나무 잎에 숨은
청개고리 고놈이다.

모든 양지식물은 해를 사랑하므로 원칙적으로 '해바라기'입니다. 그런데 유독 해바라기만이 '해바라기'라는 이름을 갖고 있지요. 영어로도 해바라기는 '태양꽃sunflower'입니다. 이 이름에는 어떤 의미가 담겨 있을까요? 모든 식물이 태양의 은혜를 입고 있지만, 해바라기가 특히 태양을 마음 깊이 사랑하고 있음을 말해줍니다. 태양을 사랑하는 해바라기는 태양이 내리쬐는 곳을 향하여 일직 선으로 줄기차게 날아오릅니다. 오직 태양을 향해 올라가야 하기 때문에 옆으로 뻗을 가지조차 없지요. 한껏 태양을 우러러 하늘을 오르다가 더 이상 오를 수 없을 때, 인간의 말로 하여 '철이 들면' 고개를 깊이 숙여 경배의 자세를 취합니다. '사랑'이 '존경'으로 바뀌는 순간이지요. 그런 해바라기의 정신을 작은 씨앗 하나가 담고 있습니다.

누나는 해바라기 씨앗을 담모롱이 양지쪽에 묻었습니다. 그랬더니 바둑이와 고양이가 지나가면서 흙을 다져주고, 밤이면 이슬이 내려와 같이 자고 가고, 낮에는 햇빛이 입맞춰주니, 마침내 해바라기는 새색시처럼 수줍은 모습으로 나타났습니다.

태양을 사랑하는 해바라기의 정신은 이렇게 여러 생명체와 함께 하나의 우주를 창조했습니다. 이 우주의 축제에는 해바라기 씨를 파먹어버릴지도 모르는 참새와 말썽꾸러기 청개구리도 함께하고 있습니다. 그러나 맨 밑바닥에서 이 우주를 지탱하고 있는 이는 역시 '흙'입니다. 뿌리라는 탯줄을 통해 끊임없이 음식물을 제공해주는 흙이야말로 태양 못지않게 은혜로운 '어버이'지만, 해바라기는 자신의 몸을 지탱할 수 있을 정도로만 흙의 손을 잡습니다. 태양을 아무리 사랑해도 해바라기는 결국 땅으로 돌아오고 마는데도……. 그것이 사람을 비롯한 모든 '바라기'의 윤회輪廻입니다.

걸레질하는 여자

김기택

걸레질을 하려면 무릎을 꿇어야 한다.
허리와 머리를 깊이 숙여야 한다.
엉덩이를 들어야 한다.
무릎걸음으로 공손하게 걸어야 한다.
큰절 올리는 마음으로
아기 몸의 때를 벗기는 마음으로 닦지 않으면
방과 마루는 좀처럼 맑아지지 않는다.
어디든 떠돌아다니고 기웃거리고
틈만 보이면 비집고 들어가 눌러앉는 먼지들:
오라는 곳 없어도 밤낮없이 찾아오고
누구와도 섞여 한몸이 되는 먼지들:
하지만 정성이 지극하면 먼지들도 그만 승복하고
고분고분 걸레에 달라붙는다.
걸레 빤 물에 섞여 다시 어디론가 떠난다.
그렇게 그녀는 방과 마루에게 먼지에게
매일 五體投地오체투지하듯 걸레질을 한다.

언젠가 저는 "인간의 여러 행위 중에서 큰절만큼 겸양과 존경의 의미를 함께 담은 고귀한 행위는 없을 것 같다"라고 쓴 적이 있습니다. 그렇게 쓰고 나서 인간의 행위 중에 아름다운 행위가 얼마나 많은데, 너무 쉽게 말했다는 느낌도 지울 수가 없었습니다.

아름다움을 추구하는 인간의 노력은 참으로 놀랍습니다. 다양한 장르의 예술작품이 아름다움을 향한 인간의 눈물겨운 노력을 통해 끊임없이 생산되고 있지요. 스포츠에도 아름다움을 겨루는 경기가 있습니다. 예를 들어, 높은 곳에서 아름답게 물속에 뛰어들기, 공중에서 회전하다가 아름답게 착지하기, 얼음판 위에서 스케이트 타고 우아하게 춤추기, 물속에서 코 막고 무용하기 등은 아름다움을 겨루는 스포츠입니다.

그러나 우리는 걸레질하는 인간의 행위가 참으로 아름다운 것임은 미처 생각하지 못했습니다. 걸레질은 누구나 할 수 있는 일이고, 계급사회에서는 신분이 낮은 사람이나 하는 일이라고 치부되었기 때문일까요? 이 시를 통해 걸레질하는 것이 얼마나 숭고하고 아름다운 것인지 새삼 느끼게 되었으니, 시를 읽을 수 있는 여유가 참 고맙습니다.

걸레질의 시작은 큰절과 비슷합니다. 큰절처럼 합장을 하는 대신에, 두 손이 걸레와 하나가 되지요. 큰절처럼 무릎을 꿇고 허리와 머리를 깊이 숙인 겸손한 자세가 걸레질의 기본입니다. 엉덩이는 들어야 해요. 엉덩이를 드는 이유는 걸레질은 이동하면서 해야 하기 때문이지요. 엉덩이를 들고 앞으로 나아가기도 하고 방향을 전환하기도 하는데, 그때 엉덩이는 균형을 잡아주면서 무릎과 함께 이동할 힘을 제공하는 일종의 자동차 뒷바퀴 역할을 해줍니다.

이동하는 과정도 지극히 겸손합니다. 시인은 "무릎걸음으로 공손하게 걸어야 한다"라고 말합니다. "큰절 올리는 마음으로 / 아기 몸의 때를 벗기는 마음으로" 걸레질하지 않으면 좀처럼 맑아지지 않습니다. 걸레질하는 마음은 수행하는 마음과 같아야 했던 것이지요.

저는 수행자의 가장 기본적인 자세는 하심下心이라고 생각합니다. 하심은 자기를 내려놓는 마음입니다. 아무것도 모른다는 마음으로 처음부터 하나하나 배워가는 것이 수행의 기본이지요. 봉암사 태고선원 서당西堂 입구에는 "이 문에 들어서는 순간 알음알이는 버려라入此門內 莫存知解"라고 적혀 있습니다. 그런데 알음알이도 쉽게 버려지지 않는다는 것을 참선수행을 하다 보면 느낍니다. 마음 방도 걸레질해야 하는 이유가 여기에 있습니다. 마음 방을 걸레질할 때의 태도가 딱 이 속에 제시되어 있으니, 바로 '큰절 올리는 마음'으로 겸손해야 하며, '아기 몸의 때를 벗기는 마음'으로 세심해야 하는 것입니다. 왜냐하면 방 안의 먼지들이 구석으로 숨는 버릇이 있듯이, 마음의 먼지도 구석으로 숨는 버릇이 있을 뿐만 아니라 단단하게 달라붙는 접착력이 있어서, 큰절 올리는 마음이 아니면 밖으로 나오지 않고 아기 몸의 때를 벗기는 마음이 아니면 잘 닦이지 않기 때문입니다.

몸의 병이든 마음의 병이든 원인은 청정하지 않은 데 있습니다. 모든 것은 연결되어 있어서 주위 환경이 깨끗하지 않으면 몸도 마음도 병이 생기기 쉽습니다. 오체투지 하듯 정성스럽게 방을 걸레질하는 것은 몸과 마음을 위한 수행에 다름 아니며, 몸과 마음과 환경이 청정한 사람들이 모여 사는 사회가 불국토佛國土이자 유토피아이자 하늘나라입니다.

초파일 밤

김지하

꽃 같네요
꽃밭 같네요
물기어린 눈에는 이승 같질 않네요
갈 수 있을까요
언젠가는 저기 저 꽃밭
살아 못 간다면 살아 못 간다면
황천길에만은 꽃구경 할 수 있을까요
삼도천을 건너면 저기에 이를까요
벽 돌담 너머는 사월 초파일
인왕산 밤 연등, 연등, 연등
오색영롱한 꽃밭을 두고
돌아섭니다.
쇠창살 등에 지고
침침한 감방 향해 돌아섭니다.
굳은 시멘트벽 속에

저벅거리는 교도관의 발자국 울림 속에

캄캄한 내 가슴의 옥죄임 속에도
부처님은 오실까요
연등은 켜질까요
고개 가로저어
더 깊숙이 감방 속으로 발을 옮기며
두 눈 질끈 감으면
더욱더 영롱히 떠오르는 사월 초파일
인왕산 밤 연등, 연등, 연등
아아 참말 꽃 같네요
참말 꽃밭 같네요.

김지하 시인이 감옥에 있을 때 초파일 연등을 보고 쓴 시입니다. 예전에는 인왕산 쪽 어디에 교도소나 구치소 같은 게 있었나 봅니다. 벽돌담 너머에는 절이 있어서 연등이 환하게 켜져 있고, 벽돌담 이쪽은 감옥입니다. 화자는 담 너머 연등이 환하게 켜져 있는 것을 보며 "꽃 같네요 / 꽃밭 같네요"라며 감탄합니다. 참으로 그 풍경은 화자에게 이승 같질 않고, 삼도천을 건너야만 갈 수 있는 피안의 세계로 여겨집니다.

감옥에 있는 사람으로서 충분히 그럴 수 있겠지요. 그곳으로 건너가고 싶지만 묶여 있는 몸, 그 오색 영롱한 꽃밭을 두고 침침한 감방을 향해 화자는 돌아와야 합니다. 그리고는 생각해봅니다. 저벅거리는 교도관의 발자국 울림 속에도 갇힌 자의 캄캄한 가슴의 옥죄임 속에도 부처님이 오실지 생각해봅니다. 그것에는 곧 부처님께서 이 캄캄한 절망의 세계에도 와주십사 하는 간절한 소망이 담겨 있습니다.

정말 그런 날이 어서 오기를 발원합니다. 부처님의 자비가 캄캄한 어둠 속, 자유를 박탈당한 의로운 사람들, 헐벗고 굶주린 사람들 속으로 퍼지기를 간절히 발원합니다.

언제 다시 보자는 말

곽효환

둔촌시장 어귀에서
오래전 친구를 기다린다
　결혼은 했겠지 그 때 그 여자일까
　아이는, 부모님은, 직장은……
세꼬시 횟집에서 마주 앉은
그의 모습에서 이십 년을 건너 뛴 내 나이를 읽는다
성근 머리칼, 볼록 나온 아랫배, 왜소해 보이는 팔과 다리
아내는 전에 그녀가 아니라고 했고
아이는 둘이고 모두 초등학교에 다닌다고 했고
내내 공부만 하다 지금은 아버지 사업을 돕는다고 했다
그렇게 한참동안 안부를 묻고 술잔을 주고받고
이야깃거리가 마를 무렵 자리를 옮겼다
다시 한참을 기억할 수 없는 수많은 잡담
그리고 언제 다시 보자고
기일 없는 약속을 남기고 발길을 돌린다
높낮이가 평평하기만 하던 일자산一字山이

집으로 가려면 이리로 오라고 부른다

문득 사람 만나는 일이 두렵다
그리고 헤어질 때 건네는
언 · 제 · 다 · 시 · 보 · 자 ·
는 말이 나를 더없이 속물이게 한다
둔촌시장 길따라
사람들 사이로 숨고 싶다

오랜만에 친구를 만나면 반갑지요. 출가 이후 만나지 못한 친구를 만나게 되면, 참으로 오랜만에 만나는 셈이어서, 정말 서로가 많이 달라져 있음을 확인합니다. 요즘은 모든 친구들이 반갑습니다.

곽효환 시인의 시 중에서 "언 · 제 · 다 · 시 · 보 · 자 ·/ 는 말이 나를 더없이 속물이게 한다"는 것이 무슨 의미인지 생각해 봅니다. 속으로는 다시 만나고 싶지 않은데, 겉으로는 다시 보자고 기약 없는 약속을 하는 자신이 속물처럼 느껴진다는 말인 것 같습니다. 혹시 다시 만나고 싶지 않다면, 적극적으로 표현할 필요는 없지만, '다음에 다시 보자' 같은 말은 하지 말기로 하지요.

저는 요즘에 '솔직하게' 살겠다고 생각합니다. 만나기 싫으면 만나지 않고, 만나야만 한다면 만나고 싶게 스스로를 교육시킵니다. 그래도 내키지 않으면 그냥 만나지 않습니다. 그러다 보면 좀 경우가 없어지기도 하는데, 그래도 그렇게 하기로 했습니다. 출가한 마당에 '출세할 이유'도 없고, 더 잘될 일도 없는데, 체면 차려서 사람 만나고 인사하고 그런 것은 과감하게 안 하기로 했습니다. 만나고 싶지는 않지만, 만나는 것이 옳을 때는 아까 말씀드렸듯이 만나고 싶게 스스로를 설득합니다.

어쨌든 사람을 만나는 일에도 '솔직해지려' 합니다. 여러분들이 저처럼 사실 필요는 없습니다만 행복해지려면 만나고 싶은 사람만 만나는 게 좋습니다.

저는 솔직하게 사는 것을 행복의 '원칙'으로 삼고 있습니다. 제가 기꺼이 만나기로 하면 그것이 저의 솔직한 마음이라고 이해하셔도 좋습니다.

똥

유용주

소주가 달면 인생이 쓰다

처음 보는 사람이 이렇게 말한다

영혼이 새 나간다고?

의사가 시인이었구나

항문 수술하는 병원장이 설명을 하는데

영원히 방구가 새어나갈 수도 있다는 걸 잘못 들었다

하긴, 의사이면서 시를 쓰는 분이 여럿 있다

병원과 시의 공통점은

고통을 참아야 거듭 태어난다는 것

수술 후엔 뜨거운 물로 좌욕도 열심히 하란다

뜨거운 물에 정신 차려봐야 차가운 것에 고마움을 안다

냉탕과 온탕을 번갈아 가봐야 인생의 참맛을 알 수 있다

힘을 줄 때 찢어지는 아픔을 겪었다

피를 많이 흘렸다

쓴맛을 봐야 좋은 똥이 나온다

소주가 쓰면 인생이 달다

요즘 제가 시를 읽고 고르는 기준은 간명합니다. 첫째, 솔직(진솔)할 것, 둘째, 깊이가 있을 것, 셋째, 복잡하지 않고 단순할 것 등입니다. 때로 이 세 가지 중에서 어느 한 가지가 출중하여 그것으로 다른 것을 상쇄하고도 남는 경우도 있습니다.

유용주 시인의 시는 대체로 이 세 가지 기준을 통과합니다. 그러다 보니 시집의 첫 번째 시를 고르게 되었습니다.

"소주가 달면 인생이 쓰다"

처음 보는 사람이 이렇게 말한 적이 있답니다. 그 말이 시인에게 제법 인상이 깊었나 봅니다.

항문 수술하는 병원장이 진단 끝에 이런 말을 하는 것이었습니다.

"영혼이 새 나간다고?"

시인은 이렇게 들었는데, 사실 이 말은 "항문 수술을 하지 않으면, 혹은 수술을 잘하지 않으면, 평생 방귀가 새 나갈 수도 있습니다"라는 뜻이었습니다.

어쨌든 시인은 "영혼이 새 나간다고?"라고 듣고는 의사가 시인이라고 느꼈습니다. 생각해보니 병원과 시의 공통점이 있었습니다.

"고통을 참아야 거듭 태어난다는 것"

인생이란 그렇지요. "뜨거운 물에 정신 차려봐야 차가운 것에 고마움을" 알게 되고, 경사도 애사도 경험해봐야 인생의 참맛을 알 수 있는 것이지요.

시인(화자)은 수술 후 힘을 주면서 항문이 찢어지는 아픔을 겪었고, 피도 많이 흘렸습니다. 그 후 생각합니다.

"쓴맛을 봐야 좋은 똥이 나온다"

다시 "소주가 달면 인생이 쓰다"라는 말이 떠오릅니다. 시인은 생각합니다.

"소주가 쓰면 인생이 달다"

산협山峽의 노래

오장환

이 추운 겨울 이리떼는 어디로 몰려다니랴.
첩첩이 눈 쌓인 골짜기에
재목을 싣고 가는 화물차의 철로가 있고
언덕 위 파수막에는
눈 어둔 역원이 저녁마다 램프의 심지를 갈고.

포근히 눈은 날리어
포근히 눈은 내리고 쌓이어
날마다 침울해지는 수림樹林의 어둠 속에서
이리떼를 근심하는 나의 고적은 어디로 가랴.

눈보라 휘날리는 벌판에
통나무 장작을 벌겋게 지피나
아 일찍이 지난날의 사랑만은 다스하지 아니하도다.

배낭에는 한줌의 보리이삭
쓸쓸한 마음만이 오로지 추억의 이슬을 받아 마시나

눈부시게 흰한 산등을 내려다보며
홀로이 돌아올 날의 기꺼움을 몸가졌노라.

　　눈 속에 쌓인 골짜기
사람 모를 바위틈엔 맑은 샘이 솟아나고
아늑한 응달녘에 눈을 헤치면
그 속에 고요히 잠자는 토끼와 병든 사스미.

　　한겨울 내린 눈은
높은 벌에 쌓여
나의 꿈이여! 온 산으로 벋어나가고
어디쯤 나직한 개울 밑으로
훈훈한 동리가 하나
온 겨울, 아니 온 사철
내가 바란 것은 오로지 다스한 사랑.

　　한동안 그리움 속에

고운 흙 한줌

내 마음에는 보리이삭이 솟아났노라.

오장환, 임화, 백석, 정지용 시인을 생각하면 안타깝지요. 좋은 시를 남겼지만, 월북했다는 이유로 아예 교과서에도 나오지 않았던 사람들. 이분들은 떠난 후 30년도 더 지나서야 조명되기 시작했습니다. 오장환 시인은 1946년에 월북하여 남로당 출신이라는 이유로 숙청당했다고 하는데, 아마도 1951년쯤이라고 짐작됩니다.

옛날에는 이리떼가 몰려다녔나 봅니다. 얼마 전 우리 중앙승가대에도 큰 개들이 여러 마리 왔다 갔다 했습니다. 새벽 일찍 포행을 나가면 그 개들이 나를 보고 자기 집에 찾아온 불청객인 양 짖어대는 것을 보고, 내 수행이 이렇게 부족하구나 생각하기도 했습니다. 경허 스님의 유명한 제자 수월 스님 같은 경우는 짐승들도 스님의 자비심에 감복하여 스님을 만나면 전혀 두려워하지 않았다고 합니다.

벌판에서 모닥불을 피우지만, 어찌 지난날의 사랑만큼 따스하겠습니까. 배낭에는 고작 보리 한 줌. 참 배고프고 스산하지만, 시인이 걸어가는 산등성이는 훤하기 그지없고, 바위틈에선 맑은 샘물이 솟아납니다. 아늑한 응달 녘에는 토끼와 병든 사슴이 잠들어 있구요. 아름다우면서도 애잔한 풍경이 산협에 그득합니다.

시인의 꿈은 어디쯤 나직한 개울 밑으로 펼쳐진 훈훈한 마을에서 평화롭게 사는 것이었습니다.

"온 겨울, 아니 온 사철 / 내가 바란 것은 오로지 다스한 사랑."

그것이었습니다. 시인이 꿈꾼 것은 오직 '다스한 사랑'이었습니다. '따스한 사랑'을 위해 그는 혁명을 선택하고자 했고, 그러나 그것은 그를 젊은 나이에 죽음으로 몰고 갔습니다.

이제 오장환 시인이 떠난 지 약 70년, 남한 사람이 그의 시를 읽게 된 것도 30년이 넘었습니다. 시인은 갔지만, 그의 시에서는 파릇파릇한 보리 이삭이 솟아나고 있습니다.

가능주의자

나희덕

나의 사전에 불가능이란 없다,
그렇다고 제가 나폴레옹처럼 말하려는 건 아닙니다

오히려 세상은 불가능들로 넘쳐나지요
오죽하면 제가 가능주의자라는 말을 만들어냈겠습니까
무엇도 가능하지 않은 듯한 이 시대에 말입니다

나의 시대, 나의 짐승이여,*
이 산산조각난 꿈들을 어떻게 이어붙여야 하나요
부러진 척추를 끌고 어디까지 가야 하나요
어떤 가능성이 남아 있기는 한 걸까요

그럼에도 불구하고,

저는 가능주의자가 되려 합니다
불가능성의 가능성을 믿어보려 합니다

큰 빛이 아니어도 좋습니다
반딧불이처럼 깜박이며
우리가 닿지 못한 빛과 어둠에 대해
그 어긋남에 대해
말라가는 잉크로나마 써나가려 합니다

나의 시대, 나의 짐승이여,
이 이빨과 발톱을 어찌하면 좋을까요
찢긴 살과 혈관 속에 남아 있는
이 핏기를 언제까지 견뎌야 하는 것일까요

그럼에도 불구하고,

아직 무언가 가능하다고 말하는 사람이 되는 것은
어떤 어둠에 기대어 가능한 일일까요
어떤 어둠의 빛에 눈멀어야 가능한 일일까요

세상에, 가능주의자라니, 대체 얼마나 가당찮은 꿈인가요

* 오시프 만델슈탐, 「시대」, 『아무것도 말할 필요가 없다』, 조주관 옮김,

문학의숲, 2012, 96쪽.

가능주의는 프랑스 사회주의 노동자 연맹이 가능한 것부터 점차적으로 개혁해야 한다고 주장한 것으로부터 비롯되었지만, 나희덕 시인의 관점에서는 '어떻게든 가능하게 해야 한다'는 신념을 뜻합니다.

시인은 시가 회의주의와 가능주의 사이에서 배회하는 것이고 그중에서도 회의주의에 가까운 것이라 생각했지만, 이제는 의도적으로라도 '불가능이란 없다'라고 말하려 합니다. 시인은 "큰 빛이 아니어도 좋습니다 / 반딧불이처럼 깜박이며 / 우리가 닿지 못한 빛과 어둠에 대해 / 그 어긋남에 대해 / 말라가는 잉크로나마 써나가려 합니다"라고 선언합니다. 이 선언이 나에게는 "이 세상이 고통으로 가득 차 있으니, 내가 마땅히 이를 편안케 하리라一切皆苦 我當安之"라는 부처님의 탄생게와 같은 맥락으로 들립니다. 시인이 말하는 '우리가 닿지 못한 빛과 어둠'은 곧 우리가 닿아야 할 빛과 어둠이어서, 부처님께서 편안케 하실 세상에 다름 아니라는 것이지요.

'우리가 닿지 못한 빛과 어둠'은 곧 불성佛性입니다. 불성은 우리를 환히 밝혀줄 빛이지만, 그것은 어둠에 둘러싸여서 잘 보이지 않습니다. 여기서 어둠은 부정적인 것이 아니라 잘 보이지 않는 빛의 다른 이름일 뿐입니다.

시인이 가능주의를 선택한 이유는 '나의 시대, 나의 짐승'이 가지고 있는 날카로운 이빨과 발톱, 찢긴 살과 혈관 속에 남아 있는 더러운 피를 극복해야 하기 때문입니다. 우리 시대가 짐승 같은 야만의 피를 연료로 삼아 날카로운 이빨과 발톱으로 서로 물어뜯고 있음을 도저히 보아넘길 수 없는 것입니다.

그런데 무언가 가능하다고 말하는 가능주의자가 되기 위해서는 '어둠에 기대어야' 합니다. 그 어둠은 어둠이 아니라 '어둠의 빛', 다시 말해 쉽게 보이지 않지만 환한 빛으로 숨어 있는 불성입니다. 시인은 막연하게 그 불성에 기대어야 한다고 생각하지만, 그럼에도 그 불성을 확신하기까지는 "세상에, 가능주의자라니, 대체 얼마나 가당찮은 꿈인가요"라고 수없이 탄식해야 한다는 것을 알고 있습니다.

문제 해결의 출발은 문제에 대한 정확한 인식으로부터 출발합니다. "얼마나 가당찮은 꿈인가요"라는 시인의 탄식은 문제의식에 다름 아니지요. 문제의식이 살아 있는 한 회의적일지라도 가능주의는 우리 사회를 점차 불국토로 만들어갈 것입니다.

빼앗긴 들에도 봄은 오는가

이상화

지금은 남의 땅──빼앗긴 들에도 봄은 오는가?

나는 온몸에 햇살을 받고
푸른 하늘 푸른 들이 맞붙은 곳으로
가르마 같은 논길을 따라 꿈속을 가듯 걸어만 간다.

입술을 다문 하늘아 들아
내 맘에는 내 혼자 온 것 같지를 않구나
네가 끌었느냐 누가 부르더냐 답답워라 말을 해다오.

바람은 내 귀에 속삭이며
한 자욱도 섰지 마라 옷자락을 흔들고
종다리는 울타리 너머 아씨같이 구름 뒤에서 반갑다 웃네.

고맙게 잘 자란 보리밭아
간밤 자정이 넘어 내리던 고운 비로
너는 삼단 같은 머리를 감았구나 내 머리조차 가뿐하다.

혼자라도 가쁘게나 가자
마른 논을 안고 도는 착한 도랑이
젖먹이 달래는 노래를 하고 제 혼자 어깨춤만 추고 가네.

나비 제비야 깝치지 마라
맨드라미 들마꽃에도 인사를 해야지
아주까리 기름을 바른 이가 지심매던 그 들이라 다 보고 싶다.

내 손에 호미를 쥐어다오
살찐 젖가슴과 같은 부드러운 이 흙을
발목이 시도록 밟아도 보고 좋은 땀조차 흘리고 싶다.

강가에 나온 아이와 같이
짬도 모르고 끝도 없이 닫는 내 혼아
무엇을 찾느냐 어디로 가느냐 우스웁다 답을 하려무나.

나는 온몸에 풋내를 띄고

푸른 웃음 푸른 설움이 어우러진 사이로

다리를 절며 하루를 걷는다 아마도 봄 신명이 지폈나보다.

그러나 지금은——들을 빼앗겨 봄조차 빼앗기겠네.

〈빼앗긴 들에도 봄은 오는가〉는 일제강점기 우리 민족의 아픔을 그야말로 절절하게 노래한 시입니다. 이 시를 읽는 것만으로도 일제강점기 지식인들의 마음 한 자리가 지금 내 마음속에 올올이 자리 잡는 느낌입니다. 나라를 빼앗긴 어두운 마음에는 봄 산에 진달래 핀들, 골짜기에 개나리 핀들, 꽃잎 하나하나가 그저 애처로울 뿐이었을지 모릅니다.

"빼앗긴 들에도 봄은 오는가?"

이 한 문장은 당시 우리 한민족의 마음을 모두 담고도 남을 만큼 엄청난 용량입니다.

조국을 빼앗긴 슬픔에 젖어서 살던 이상화 시인은 어느 봄날 들에 나갔습니다. 들에는 온통 아름다운 봄꽃이 만발해 있었겠지요. 그의 마음은 아름다운 봄 동산에서 더욱 슬퍼집니다. 아니, 나라를 잃은 슬픔 속에 마음은 온통 검은빛인데, 들은 이렇게 아름다워도 되는 것인가? 아니다, 내게는 오히려 아름다워서 온통 슬픔으로만 보인다. 이 들도 내 것이 아니란 말인가?

아름다운 봄도 즐길 수 없는 마음속에서 그는 이 노래를 부릅니다. "아, 빼앗긴 들에도 봄이 올 수 있단 말인가?"

그때 우리는 좀 더 굳건하게 믿었어야 했습니다, 우리의 마음이 굳건한 이상, 어떤 세력도 우리의 산과 들과, 적어도 마음은 빼앗을 수 없다는 것을. 우리는 아프게 경험했습니다, 믿음이 굳건하지 못한 대부분의 지식인들이 일제에 굴복했음을.

이상화 시인은 절망 속에서도 끝내 굴복하지는 않았습니다. 그래서 겉으로 보기에는 불행하게 살다가 간 이로 기억되고 있지만, 나는 그것이 불행이라 생각하지 않습니다. 현상적으로 배불리 먹고 편안하게 살았다 한들, 그것이 진정으로 배불렀고 진정으로 편안했겠는가? 현상적으로 피폐했을지라도 일제에 굴복하고 호의호식한 이들보다 마음만은 편했으리라 생각합니다.

굳건한 믿음은 때로 어떤 고통도 '안락'으로 바꿉니다. 반드시 붓다의 길로 갈 수 있다는 믿음 또한 어떤 고난도 이길 수 있는 힘이지요.

마음을 빼앗기지 않는 한, 들을 빼앗긴들 봄을 빼앗긴들, 우리의 들도 우리의 봄도 늘 여여할 것입니다.

수록 작품 출처

정희성, 그리운 나무, 《그리운 나무》, 창비, 2013

이문재, 오래된 기도, 《지금 여기가 맨 앞》, 문학동네, 2014

전영관, 늦깎이, 《슬픔도 태도가 된다》, 문학동네, 2020

이산하, 강, 《악의 평범성》, 창비, 2021

도종환, 매미, 《해인으로 가는 길》, 문학동네, 2006

조성국, 적멸, 《슬그머니》, 실천문학사, 2007

허영자, 감, 《얼음과 불꽃》, 시월, 2008

전영관, 부왕사터에서, 《부르면 제일 먼저 돌아보는》, 실천문학사, 2016

박규리, 빨래집게, 《이 환장할 봄날에》, 창비, 2004

조지훈, 古寺 1, 《풀잎 斷章》, 창조사, 1952

안명옥, 공, 《뜨거운 자작나무 숲》, 리토피아, 2016

이재무, 물속의 돌, 《저녁 6시》, 창비, 2007

김남극, 산거(山居) 2, 《너무 멀리 왔다》, 실천문학사, 2016

도종환, 축복, 《해인으로 가는 길》, 문학동네, 2006

석연경, 겨울, 저녁 불일암에서, 《푸른 벽을 세우다》, 시와세계, 2021

김경미, 봄에 꽃들은 세 번씩 핀다, 《카프카식 이별》, 문학판, 2020

최영희, 8월의 나무에게, 《또 하나의 섬이 된다》, 순수문학사, 2008

고진하, 묵언(默言)의 날, 《호랑나비 돛배》, 지식을만드는지식, 2012

김남극, 바퀴 있는 것은 슬프다, 《하룻밤 돌배나무 아래서 잤다》, 문학동네, 2008

김지하, 무화과, 《애린 2》, 실천문학사, 1986

김기택, 풀벌레들의 작은 귀를 생각함, 《소》, 문학과지성사, 2005

이경, 흰 소의 봄, 《야생》, 현대시학사, 2021

권달웅, 풀벌레, 《감처럼》, 모아드림, 2003

나희덕, 못 위의 잠, 《그 말이 잎을 물들였다》, 창비, 1994

정일근, 약속, 《누구도 마침표를 찍지 못한다》, 시와시학사, 2004

정희성, 늙은 릭샤꾼, 《돌아다보면 문득》, 창비, 2008

조동례, 그냥이라는 말, 《어처구니 사랑》, 애지, 2009

염창권, 입동, 《한밤의 우편취급소》, 한국문연, 2020

이재무, 겨울숲에서, 《저녁 6시》, 창비, 2007

정일근, 부석사 무량수, 《누구도 마침표를 찍지 못한다》, 시와시학사, 2004

고진하, 호랑나비 돛배, 《호랑나비 돛배》, 지식을만드는지식, 2012

유안진, 물오징어를 다듬다가, 《다보탑을 줍다》, 창비, 2004

신경림, 뿔, 《뿔》, 창비, 2002

박규리, 승속 사이에 있는 것, 《이 환장할 봄날에》, 창비, 2004

공광규, 되돌아보는 저녁, 《담장을 허물다》, 창비, 2013

권대웅, 햇빛이 말을 걸다, 《조금 쓸쓸했던 생의 한때》, 문학동네, 2003

동명(차창룡), 5월, 《고시원은 괜찮아요》, 창비, 2008

전영관, 섬망, 《슬픔도 태도가 된다》, 문학동네, 2020

송기원, 들국화, 《마음속 붉은 꽃잎》, 창비, 1990

정희성, 민지의 꽃, 《詩를 찾아서》, 창비, 2001

함민복, 눈물은 왜 짠가, 《모든 경계에는 꽃이 핀다》, 창비, 1996

이산하, 인생목록, 《악의 평범성》, 창비, 2021

임보, 법구경, 《장닭 설법》, 시학, 2007

황지우, 겨울-나무로부터 봄-나무에로, 《겨울-나무로부터 봄-나무에로》, 민음사, 1985

정지용, 해바라기씨, 《新少年》 5권 6호, 1927

김기택, 걸레질하는 여자, 《사무원》, 창비, 1999

김지하, 초파일 밤, 《애린》, 실천문학사, 1986

곽효환, 언제 다시 보자는 말, 《인디오 여인》, 민음사, 2006

유용주, 똥, 《내가 가장 젊었을 때》, 시와반시, 2021

오장환, 산협(山峽)의 노래, 《나 사는 곳》, 헌문사, 1947

나희덕, 가능주의자, 《가능주의자》, 문학동네, 2021

이상화, 빼앗긴 들에도 봄은 오는가, 《개벽(開闢)》 1926년 6월호

헤아려 본
슬픔

믿음이란
한 알의 밀알이 땅에 떨어져 죽음으로 많은 열매를 맺음과 같이
진리의 열매를 위하여 스스로 죽는 것을 뜻합니다.
눈으로 볼 수는 없으나 영원히 살아 있는 진리와
목숨을 맞바꾸는 자들을 우리는 믿는 이라고 부릅니다.
「믿음의 글들」은 평생, 혹은 가장 귀한 순간에
진리를 위하여 죽거나 죽기를 결단하는
참 믿는 이들의, 참 믿는 이들을 위한, 참 믿음의 글들입니다.

헤아려 본 슬픔

C. S. 루이스 지음

강유나 옮김

홍성사

차 례

머리말

《헤아려 본 슬픔》이 클러크 N. W. Clerk라는 가명으로 처음 출판되었을 때, 어떤 친구가 그 책을 선물해 주어서 지대한 관심을 갖고 읽은 적이 있다. 동시에 상당한 거리감을 느낀 것도 사실이다. 당시는 내 결혼생활이 한창 무르익어 있었을 때인데다 어린아이도 셋을 두고 있었던 터라, C. S. 루이스가 아내의 죽음을 슬퍼하는 데 대해 커다란 연민을 품기는 했지만 내 경험과는 워낙 동떨어진 것이어서 그다지 깊이 감동받지는 못했던 탓이다.

세월이 흘러 남편이 죽은 후에 또 다른 친구가 《헤아려 본 슬픔》을 보내 주었는데, 처음 읽었을 때보다는 훨씬 더 즉각적으로 몰입하겠거니 생각하며 책을 읽었다. 일부는 심금을 울렸으나, 전반적으로 보자면 나의 슬픔과 루이스의 슬픔은 그 경험이 아주 다른 것이었다. 우선 루이스가 조이 데이빗먼 Joy Davidman과 결혼했을 당시 이미 그녀는 병원에서 투병 중이었다. 루이스는 조이가 암으로 죽어 간다는 사실을 알고서 결혼했다. 비록 그녀가 뜻하지 않게 차도가 있기도 하고 회복된 듯 보이는 행복한 시절도 있었으나, 40년에 이르는 나의 결혼생활에 비하면 그가 경험한 결혼이란 단지 맛을 본 정도에 불과했다. 그는 결혼이라는 성대한 피로연에 초대되었으나, 미처 전채前菜를 끝내기도 전에 무자비하게 진수성찬을 빼앗긴 셈이나 마찬가지였다.

루이스는 그 급작스러운 상실 때문에 짧은 기간이나마 믿음을 상실하기도 했다.

"하나님은 어디 계시는가? ……다른 모든 도움이 헛되고 절박하여 하나님께 다가가면 무엇을 얻는가? 면전에서 쾅 하고 닫히는 문."

충만한 결혼생활을 오래 누리다가 배우자가 사망하는 경우는 이와 상당히 다르다. 남편의 죽음을 준비하던 몇 달 동안, 그리고 남편이 죽은 이후, 나는 하나님이 임재하신다는 사실에 더없이 큰 힘을 얻었다고 할 수 있다. 하나님이 임재하신다고 하여 슬픔이 싹 가시지는 않았다. 사랑하는 자의 죽음이란 내 사지를 절단당하는 것이나 마찬가지니까. 그러나 두 사람이 결혼할 때 서로는 둘 중 하나가 먼저 가리라는 사실을 받아들여야 한다. 루이스가 조이와 결혼했을 때, 뜻밖의 사고가 일어나지 않는 한 그녀가 먼저 죽으리라는 것은 상당히 확실한 사실이었다. 그는 죽음이 가까이 와 있음을 예상하면서 결혼생활로 접어들었고, 그 속에서 놀라울 정도로 사랑과 용기와 개인적인 희생을 증거하였다. 이와 달리 충만한 결혼생활과 정상적인 삶의 기간을 살고 난 후의 죽음이란, 태어나 사랑하며 살다 죽는 그 놀라운 전 과정의 일부이다.

남편을 잃은 슬픔 속에서 《헤아려 본 슬픔》을 읽음으로써, 나는 사람마다 겪는 슬픔이 독특하다는 것을 알게 되었다. 물론 언제나 기본적인 유사성은 있다. 루이스는 두려움과도 같은 이상한 느낌, 침을 연신 삼키지 않을 수 없는 상태, 망각증 등에 대해 이야기한다. 어떤 비극에 대해서든지 "아버지의 원대로 하옵소서"라고 말하는 사람들을 보면, 믿음이 있는 사람이라 하더라도 누구나 루이스처럼 경악할 것이다. 그런 사람들은 마치 사랑의 하나님이 우리 피조물들에게 좋은 것만 주시는 것처럼 말한다. 그러나 루이스는, 믿음 있는 사람들에게 죽음은 중요한 것이 아니라는 투로 말하는 이들에 대해 참을 수 없어 한다. 그의 성마름은 믿음이 얼마나 강하건 우리 대부분이 느끼는 감정이다.

루이스와 나는 추억의 상실에 대한 두려움도 공통적으로 가지고 있다. 어떤 사진도 사랑하는 사람의 미소를 진정으로 되살릴 수는 없다. 간간이, 어떤 사람이 길을 걸어 내려가는 모습이나 움직이는 모습을 보다가 생생한 옛 기억이 왈칵 덮쳐들 때가 있다. 그러나 우리의 추억이 그 나름으로 소중한 것이라 해도 여전히 뜰채와 같아서, 결국에는 틈 사이로 다 빠져나가 버린다.

루이스처럼 나 또한 여덟 살 때부터 계속하여 일기를 써 왔다. 일기 속에서야 몸부림을 치며 뒹구는 것도 괜찮다. 그것은 자기연민이나 자기몰입, 자기중심을 벗어나는 한 가지 방식이다. 일기를 쓸 때면 친구나 친척에 대한 부분도 빼놓지 않게 된다. 나는 루이스가 슬픔의 일기를 정직하게 써 내려간 데 감사한다. 인간이 슬퍼하도록 허용되었으며, 슬퍼하는 것이 정상이고 마땅한 일이며, 그리스도인도 상실에 대해 이처럼 자연스러운 반응을 보일 수 있도록 허락받았음을, 그의 일기는 명백히 보여 주고 있기 때문이다. 그리고 루이스는 우리가 하고픈 질문을 대신해 준다.

"사랑하는 사람들이 죽으면 어디로 가는 것입니까?"

루이스는 다음과 같이 쓰고 있다.

"나는 언제든지 다른 죽은 사람들을 위해 믿음을 가지고 기도할 수 있었고 지금도 그렇다. 그러나 H(루이스의 일기에서 아내 조이를 일컫는 약칭)를 위해 기도하려고 하면 멈칫 한다."

나는 이러한 느낌을 잘 안다. 사랑하는 사람은 나의 일부와도 같기 때문에 거리를 두지 못한다. 우리 마음의 일부인 것을 위해서 어떻게 기도한단 말인가?

손쉬운 답변은 없다. 교회는 죽음에 대해 코페르니쿠스 이전의 전근대적 태도를 고집한다. 천국과 지옥에 대한 중세적 견해는, 더 현실적인 것으로도 더 감상적인 것으로도 바뀌지 않은 채 남아 있다. 나름의 사고방식을 가진 그리스도인만이 구제되어 천국에 가리라고 확신하는 사람들에게는 구시대적 생각이 여전히 유효할 것이다.

그러나 우리 대부분은 하나님이 자신의 작은 집단만 사랑하시는 부족적인 신을 뛰어넘는 넓고 광대한 사랑을 지니신 분으로 알고 있기 때문에 더 많은 것을 요구한다. 그 '더 많은 것'이란 사랑으로 창조하신 대상이라면 저버리지 않으시리라는 확신이며 믿음의 도약leap of faith을 의미한다. 사랑이란 창조해 놓고 다음 순간 무효로 만들어 버리는 것이 아니다. 그러나 조이 데이빗먼이 간 곳, 혹은 나의 남편이 간 곳에 대해서는 어떤 신부도, 어떤 목사도, 어떤 신학자도 '증명 가능한 사실'이라는 제한된 용어로는 설명할 수 없다. "내게 종교적 위안에 대해서는 말하지 말라. 그렇지 않으면 '당신은 모른다'고 나는 의심할 것이다"라고 루이스는 썼다.

왜냐하면 진정한 종교적 위안이란 장밋빛으로 아늑한 것이 아니라, '힘을 싣다'라는 단어 'com-fort'의 원래 의미 그대로 '힘을 돋우는' 것이기 때문이다.[1] 삶을 지속해 나갈 수 있는 힘, 그리고 (조이든 우리가 사랑하는 누구든) 죽은 사람에게 필요한 것이 무엇이든 간에 모든 것을 시작하신 분께서 사랑으로 보살펴 주실 것이라고 신뢰할 수 있는 힘 말이다.

루이스는 '조이가 평화를 얻었음으로 이제 행복하다'고 말해 주는 신심 깊은 사람들의 말을 내치는데, 이는 옳은 일이다. 우리는 죽음 이후 무슨 일이 일어나는지 모른다. 우리 모

---

1) '위로하다' '위안하다'를 뜻하는 영어 comfort의 라틴어 어근 com-은 '함께' '더불어'라는 뜻이며, fort는 '힘'을 의미한다 ─ 옮긴이. 이하 주는 모두 옮긴이 주.

두는 여전히 모르는 게 많고, 그것을 배워 가는 일이 반드시 쉽지는 않을 터이다. 융Jung은 고통 없이 생명을 얻을 수는 없다고 하였는데, 이는 죽음 이후의 세상에서도 마찬가지가 아닐까. 그러나 중요한 것은, 우리는 그 점에 대해 알지 못한다는 사실이다. 그것은 증명 가능한 영역 안에 있는 것이 아니다. 그것은 사랑의 영역 안에 있다.

나는 또한 루이스가 성난 목소리로 하나님께 고함지르고 회의하고 발버둥치며 대들 용기가 있었던 사실에 감사한다. 이는 그다지 자주 권장되지는 않지만 건강한 슬픔의 일부이다. 루이스처럼 저명한 기독교 변증론자가 그토록 탁월하게 주장해 온 믿음을 의심할 용기를 가졌기 때문에 더욱 도움이 된다. 그렇기 때문에 우리도 우리 자신의 회의와 분노와 고뇌를 터놓을 수 있게 되며, 그렇게 하는 것이 영적 성장의 일부임을 알게 되는 것이다.

이처럼 루이스는 자신의 성장과 통찰력을 우리에게 나누어 준다.

"사별이란 결혼한 두 사람 사이의 사랑의 단절이 아니요, 정상적인 단계 중 하나(마치 신혼여행이 그 단계 중 하나이듯)이다. 우리는 그 단계까지 결혼생활을 충실하게 잘 살아내었으면 하고 바란다."

그렇다. 이것이 배우자가 죽고 난 후 남은 한쪽이 해야 할 일이다.

남편이 먼저 간 후에도 나는 서재와 침실에다 예전 그가 살아 있을 때처럼 그의 사진을 몇 장 두는데, 이것들은 초상이지 우상이 아니다. 옛기억을 되살리는 작은 불꽃이지 그 자체로서는 아무것도 아니다. 그뿐 아니라 루이스가 말하듯이 어떤 때는 추억에 도움이 되기보다는 장애가 되는 것들이다. "모든 실체reality는 우상 파괴적이다"라고 그는 쓴다.

"지상의 삶에서조차도 세속의 연인은 그녀에 대한 우리의 단순한 개념을 끊임없이 깨뜨리고 승리한다. 그리고 우리는 그녀가 그렇게 하기를 바란다. 그녀가 힘을 다해 항거하기를, 모든 결점과 모든 예기치 못한 면모를 보여 주기를 원한다. ……그리하여 단지 이미지나 기억이 아닌 이 실체야말로 그녀가 죽고 난 후에도 우리가 더욱더 사랑해야 할 대상이다."

이것은 죽은 자가 다시 찾아오는 것보다 훨씬 더 중요한 사실이다(비록 루이스는 그러한 가능성에 대해 논하고 있기는 하지만). 궁극적으로 그의 슬픔의 일기 마지막 페이지들을 통해 빛나고 있는 것은 사랑에 대한 긍정이다. 조이에 대한 자신의 사랑과 그에 대한 조이의 사랑 둘 다에 대한 긍정이자, 그러한 사랑이 하나님의 사랑이라는 맥락에 잇닿아 있다는 긍정인 것이다.

손쉽고 감상적인 위안을 주시지는 않으나, 우리 모든 인간 피조물을 향해 주시는 하나님 사랑의 궁극적인 목적은 사랑인 것이다. 《헤아려 본 슬픔》을 읽는 것은 단지 루이스의 슬픔뿐 아니라 사랑을 이해하는 그의 방식을 공유하는 것이며, 이러한 경험은 풍요롭기 짝이 없다.

1988년 8월 크로스윅에서
매들린 렝글[2]

---

2) 매들린 렝글Madelain L' Engle : 1918년생. 미국의 아동문학 작가로 1963년《시간의 주름 *A Wrinkle in Time*》으로 뉴베리 상을 수상하였다.

1

그녀의 목소리는 여전히 생생하다.
그 목소리를 생각하면
나는 또다시 훌쩍이는
어린아이가 되어 버린다.

슬픔이 마치 두려움과도 같은 느낌이라고 아무도 내게 말해 주지 않았다. 무섭지는 않으나, 그 감정은 무서울 때와 흡사하다. 똑같이 속이 울렁거리고 안절부절못하며 입이 벌어진다. 나는 연신 침을 삼킨다.

　어떤 때는 은근히 취하거나 뇌진탕이 일어난 것 같은 느낌이 든다. 세상과 나 사이에는 뭔가 보이지 않는 장막이 드리워져 있다. 다른 사람이 뭐라 말하든 받아들이기 힘들다. 아니, 받아들이고 싶지 않은 게다. 만사가 너무 재미없다. 그러면서도 다른 사람들이 곁에 있어 주기를 바란다. 집이 텅 빌 때가 무섭다. 사람들이 있어 주되 저희들끼리만 이야기하고 나는 가만 내버려 두면 좋겠다.

아주 뜻밖에도 내 안에 있는 무언가가 '실은 그다지 신경 쓰고 있지는 않아. 따지고 보면 그렇게까지는 아니야'라며 설득하려 들 때가 있다. 사랑이 인생의 전부는 아니야. H를 만나기 전에도 행복했지 않나. 내게는 소위 풍부한 '자원資源'이 있지 않은가. 사람들은 누구나 이런 일을 넘어가게 마련이지. 이봐, 나는 그다지 험하게 처신하지 않을 거야.

무안해하면서도 이런 목소리에 귀를 기울이고, 잠시 동안은 제법 그럴듯하다고 생각하기도 한다. 그러다 갑자기 뜨겁고 얼얼한 기억이 덮쳐 오면 이 모든 '상식' 따위는 화로火爐에 던져진 개미처럼 가뭇없어지고 만다.

그 반동으로 눈물과 비애에 빠져든다. 청승맞은 눈물. 차라리 격한 고뇌의 순간이 더 낫겠다. 그건 최소한 깔끔하고 정직하니까. 그러나 자기연민에 푹 잠겨 그 속을 헤어나지 못하고 몸부림치며 뒹구는 데서 오는 느끼하고 끈적끈적한 쾌락이라니. 구역질이 난다. 이러는 와중에 정작 H 자신은 왜곡된다는 것도 안다. 이런 분위기에 휩쓸리면, 잠시 후 나는 실제 여인이 아닌 그저 허수아비 인형을 두고 울고불고 하게 되는 것이다. 그녀에 대한 기억이 여전히 생생하여(언제까지나 이처럼 생생할까?) 그런 추태에까지 이르지는 않게 해 주시니 감사할 일이다.

H는 왜곡된 것 같은 그러한 여인이 절대 아니기 때문이다. H의 정신은 마치 표범처럼 유연하고 활달하며 강건하였다. 열정이나 온유함, 혹은 고통으로 말미암아 그녀의 정신이 흐트러지는 법은 없었다.

처음에는 구태의연하고 감상적인 사람인 양 느껴졌었다. 그러나 미처 무슨 일이 일어나고 있는지 깨닫기도 전에 튀어 올라 상대를 때려 눕혔다. 내게 있던 쓸데없는 거품을 얼마나 많이 콕콕 찔러 없애 버렸던지! 그리하여 나는, 부러 위선이 벗겨지고 비웃음을 사는 그 재미로나 H에게 허튼 소리를 하게 되었다(다시 뜨겁고 얼얼한 기억이 덮친다). H와 함께 있을 때면 실없는 소리는 또 얼마나 자주 했던가.

또한 슬픔은 게으른 것이라고 아무도 내게 말해 주지 않았다. 일상이 기계적으로 굴러가는 직장에서의 일을 제외하면 나는 최소한의 애쓰는 일도 하기 싫다. 글쓰기는 고사하고 편지 한 장 읽는 것조차 버겁다. 수염 깎는 일조차 하기 싫다. 내 뺨이 텁수룩하건 매끈하건 무슨 상관이란 말인가?

불행한 인간은 주의를 다른 데로 돌릴 일이 있어야 한다고들 말한다. 그 자신으로부터 끄집어 낼 어떤 것이 필요하다는 것이다. 심신이 피로한 사람이 추운 날 담요 한 장 더 얻자고 하는 것처럼. 그러나 그는 일어나 이불을 찾아다니느니 차라리 떨며 누워 있는 쪽을 택할 것이다. 외로운 사람이 지저분한 사람으로, 마침내는 더럽고 역겨운 인간으로 변하는 이유는 간단하다.

그런데 하나님은 어디 계시는가? 이렇게 묻는 것은 매우 걱정스러운 증상이다. 행복할 때는 행복에 겨워서 하나님이 필요하다는 생각조차 하지 않는다. 너무 행복해서 그분이 우리를 주장하시는 게 간섭으로 여겨지기조차 하는 그때, 우리가 스스로의 잘못을 깨닫고 그분께 감사와 찬양을 돌린다면 두 팔 벌려 환영받을 것이다. 그러나 다른 모든 도움이 헛되고 절박하여 하나님께 다가가면 무엇을 얻는가? 면전에서 쾅 하고 닫히는 문, 안에서 빗장을 지르고 또 지르는 소리. 그리고 나서는, 침묵. 돌아서는 게 더 낫다. 오래 기다릴수록 침묵만 뼈저리게 느낄 뿐. 창문에는 불빛 한 점 없다. 빈집인지도 모른다. 누가 살고 있기나 했던가? 한때는 그렇게 보였다. 그때는 꼭 누가 있는 것처럼 보였으나 지금은 정말 빈집 같다. 지금 그분의 부재는 무엇을 의미하는가? 왜 그분은 우리가 번성할 때는 사령관처럼 군림하시다가 환난의 때에는 이토록 도움 주시는 데 인색한 것인가?

오늘 오후 이러한 생각들을 C에게 얘기해 보았다. 그는 똑같은 일이 그리스도에게도 일어났음을 상기시켜 주었다.

"어찌하여 나를 버리셨나이까?"[3]

나도 아는 이야기다. 그런데 그걸 안다고 해서 문제가 더 쉬워지는가?

하나님을 향한 믿음을 그만둘지도 모르는 위험에 빠져 있다는 뜻은 아니다(나는 그렇게 생각한다). 진짜 위험이란, 그분에 대해 이처럼 끔찍한 사실들을 믿게 된다는 점이다. 내가 무서워하는 결론은 "그러니 하나님이란 결국 없는 거야"가 아니라 "그러니 이것이 하나님의 실체인 거야. 더 이상 스스로를 속이지 마"인 것이다.

우리 조상들은 순종하며 말했다.

"아버지의 원대로 하옵소서."[4]

그렇게 되기까지 얼마나 자주 지극한 공포심이 사무친 원한을 억눌렀으며, 사랑이라는 행동(혹은 연기演技)으로 그러한 과정을 숨겨 왔던가? 그렇다. 모든 의미에서 행동(혹은 연기)이다.

물론 우리가 가장 필요로 하는 때에 하나님이 부재하시는 것처럼 보이는 것은, 실제로 그분이 존재하지 않기 때문이라고 말해 버리면 매우 간단하다. 솔직히 말하자. 그렇다면 왜 우리가 그분을 부르지 않을 때에는 임재하시는 것처럼 보이는가?

---

3) 마태복음 27장 46절.
4) 마태복음 26장 39절, 누가복음 22장 41-44절.

결혼을 통해 나는 이 한 가지는 확실히 알게 되었다. 종교가 우리의 무의식적이고 기갈 든 욕망으로 제조된 것이며 섹스의 대용품이라는 주장을 다시는 믿을 수가 없게 된 것이다. 지난 몇 년간 H와 나는 사랑에 탐닉하였으며 그 갖가지 양식을 다 즐겼다. 경건한 사랑과 즐거운 사랑, 낭만적인 사랑과 현실적인 사랑, 어떤 때는 폭풍처럼 극적이며 어떤 때는 발에 걸치는 보드라운 실내화처럼 편안하고 평상적인 사랑. 심신 어느 곳이고 충족되지 않은 바가 없었다. 만약 하나님이 사랑의 대용품이었다면 우리는 그분에 대한 모든 흥미를 잃어버렸어야 옳다. 바라던 것을 가졌는데 뭐하러 대용품 따위에 신경을 쓰겠는가? 그런 일은 일어나지 않는다. 우리 둘 다 서로 상대방 이외에도 다른 무언가를 원하고 있음을 알고 있었다. 무언가 다른 어떤 것, 다른 종류의 욕구 말이다. 연인이 서로를 소유하게 된다고 해서 책도 읽고 싶지 않고, 먹고 싶지도 않고, 숨쉬고 싶지도 않더란 말이냐?

오래 전 친구가 죽었을 때 나는 상당 기간 그가 계속 살고 있다고 선명하게 확신하였다. 그가 더 높은 단계의 세계에 있다는 것까지 확신하였다. H에 대해서 그러한 확신을 100분의 1만이라도 가질 수 있게 해 달라고 나는 엎드려 빌었다.

대답은 없다. 그저 잠긴 문, 철의 장막, 텅 빈 허공, 절대적인 무의 세계만 있을 뿐. '구하여도 얻지 못하리라.' 구하다니 내가 바보였다. 지금으로서는 그러한 확신이 온다고 해도 믿을 수 없을 것이다. 그건 나 자신의 기도에 의해 야기된 자기 최면일 테니까.

어쨌든 나는 심령술사들을 멀리해야 한다. H에게 약속했다. 멀리할 것이다. H는 그러한 사람들에 대해 아는 바가 있었다.

죽은 자와의 약속, 아니 어느 누구와 한 약속이라도 그것을 지키는 것은 훌륭한 일이다. 그러나 나는 '죽은 자의 소망을 존중한다'는 것이 함정임을 알게 되었다. 어제 어떤 사소한 일에 대해 "H라면 그렇게 하지 않았을 거야"라고 말할 뻔하다가 가까스로 참았다. 이러한 언사는 다른 사람들에 대해 공평한 행위가 아니다. 머지않아 나는 'H라면 좋아했을 만한 일'이라는 표현을 무기 삼아 가정에서 독재를 휘두르게 될 것이며, 결국 그녀가 좋아했을 만한 일들은 점점 더 흐려져 나 자신이 좋아하는 일들을 위장하는 표현이 될 것이다.

H에 대해 아이들과 이야기할 수가 없다. 내가 무슨 말을 하려고 하면 아이들의 얼굴에는 슬픔도 사랑도 두려움도 연민도 아닌, 그 어느 것도 전혀 통하지 않는 최악의 표정인 계면쩍음

이 떠오른다. 아이들은 마치 내가 추잡한 말이라도 하고 있는 듯이 바라본다. 그들은 내가 그만두기를 바라고 있는 것이다. 나 또한 어머니가 돌아가신 후 아버지가 어머니를 언급할 때 마다 그와 같은 감정을 느꼈었다. 아이들을 비난할 수는 없다. 소년들이란 다 그렇다.

부끄러움, 그저 어색하고 무정한 부끄러움이야말로 여느 다른 악덕들이 그러하듯 선행과 진솔한 행복을 찾아가는 데 방해가 된다는 생각이 때때로 든다. 소년 시절에만 적용되는 얘기가 아니다.

아이들이 옳은 것일까? H 같으면 내가 수시로 *끄적거리고* 있는 이 작은 노트에 대해 어떻게 생각할까? 이러한 *끄적거림*이 병적인 것인가? 언젠가 "밤새도록 치통으로 잠 못 들고 누운 채, 치통과 깨어 누워 있음에 대해 생각했다"라는 문장을 읽은 적이 있다. 사실적인 이야기이다. 모든 불행의 일부는 소위 그 불행의 그림자이거나 반영이다. 단지 고초를 겪는 것이 아니라 겪고 있는 고초에 대해 계속 생각해야 하니까 말이다. 단지 가없는 매일매일을 슬픔 속에 살아야 할 뿐 아니라, 날마다 슬픔 속에 살아야 한다는 사실을 생각하며 매일을 살아야 하는 것이다.

이렇게 끄적거리는 일이 그러한 측면을 단지 더 악화시키는 것일까? 한 가지 주제에 매달려 단조로이 쳇바퀴 돌 듯하는 마음을 그저 확인시켜 주는 것일 뿐일까? 그러면 대체 나더러 무엇을 하란 말이냐? 뭔가 약에 취해 있어야 하는데 독서는 지금 그 정도로 강한 약이 되지 못한다. 모든 것을 적어 내려가면서(모든 것이라고? 아니다. 백 가지 생각 중 한 가지일 뿐) 비로소 나는 조금이나마 그 바깥으로 벗어난다고 믿는다. 그렇게 H에게 변명하는 것이다. 그러나 십중팔구 H라면 그 변명에서 허점을 찾아낼 것이다.

단지 아이들에게만 해당되는 얘기도 아니다. 아내를 잃음과 더불어 나는 만나는 모든 사람에게 계면쩍음을 불러일으키는 존재가 되었다. 직장에서나 모임에서나 길에서나 사람들을 만나면 그들은 '그 일에 대해 이야기를 할지 말지' 갈피를 잡지 못한 채 내게 다가온다. 그들이 그 일에 대해 얘기를 하면 싫어지고 그 얘기를 하지 않아도 싫어진다. 어떤 이들은 아예 나를 겁내기까지 한다. R은 일주일째 나를 피하고 있다. 나는 잘 교육받은 젊은이들, 거의 소년에 가까운 젊은이들이 좋다. 이들은 마치 내가 치과의사라도 되는 양 다가와 얼굴이 빨개졌다가, 얘기를 끝내고 나면 가능한 한 점잖고 잽싸게 빠져나간다. 아내를 잃은 홀아비는 아마도 나병 환자들처럼 특별요양소에 격리되어야 하는 것인지도 모른다.

어떤 사람들에게 나는 계면쩍음을 넘어서는 감정을 불러일으킨다. 나는 죽음의 상징이다. 행복한 부부들을 만날 때마다 나는 그들이 이렇게 생각하는 것을 느낄 수 있다. '우리 둘 중 하나는 언젠가 저 사람처럼 되겠구나.'

처음엔 H와 내가 행복했던 장소들, 우리가 자주 갔던 카페나 좋아했던 숲을 가기가 몹시 두려웠다. 그러나 나는 즉각 그렇게 하기로 마음먹었다. 마치 충돌사고를 겪은 비행사를 가능한 한 빨리 창공으로 다시 내보내는 것처럼 말이다. 그런데 뜻밖에도, 혼자라 해서 전혀 다를 바 없었다. 그녀가 없다는 사실이, 다른 곳보다 그곳에서 더 느껴지지는 않았다. 그것은 전혀 장소에 구애되지 않는 문제이다.

소금이 완전히 빠져 버린다면 이런 요리나 저런 요리나 별 차이를 못 느낄 게다. 매일 매끼니 먹는 식사 전체가 예전과 달라져 버리니 말이다. 그와 같다. 살아가는 행위도 쭉 계속하여 달라져 버렸다. 그녀가 없다는 사실은 마치 하늘과 같아서 모든 것들을 뒤덮고 있다.

아니다. 이것은 그다지 정확하지 않다. 그녀가 없다는 사실이 특히 절절하게 느껴지는 장소가 있으니 나는 그곳을 피할 수 없다. 그것은 내 육신이다. 내 육신이 H의 연인의 육신이었을 때는 너무도 다른 중요성을 띠고 있었다. 이제는 마치 빈

집과도 같다. 그러나 스스로 속이려 들지 말자. 이 육신은 어딘가 아프기라도 한다면 다시금 잽싸게 내게 중요한 의미를 가지게 될 것이다.

　암으로 죽고, 암으로 죽고, 또 암으로 죽었다. 어머니, 아버지, 그리고 아내. 다음 차례는 누구일지 궁금하다.

　그러나 H 자신은 암으로 죽어가면서, 그리고 그 사실을 잘 알고 있으면서도, 암에 대해 예전에 가졌던 공포의 대부분이 사라졌다고 말했다. 암이 현실로 다가왔을 때, 그 이름과 개념은 어느 정도 무장해제되어 버렸다. 이는 나도 어느 수준까지는 거의 이해할 수 있었다. 이것이 중요하다. 우리는 단지 암, 전쟁, 불행(혹은 행복)을 만나는 것이 아니다. 우리는 다가오는 매시간 매순간을 만난다. 그 좋았다 나빴다 하는 모든 양태를 만나는 것이다. 최고로 좋은 순간에도 나쁜 순간들이 많고, 최악의 시절에도 좋은 순간들이 많다. 우리는 결코 소위 '사물 자체the thing itself'의 총합적인 영향을 느끼지 못한다. 그러나 그릇되게도 그렇게 부른다. '사물 자체'란 단지 이러한 좋았다 나빴다 하는 순간들의 총체일 뿐이다. 그 나머지는 그저 이름이거나 개념일 뿐이다.

　모든 희망이 사라진 후에도 때때로 얼마나 많은 행복, 심지어는 얼마나 많은 즐거움을 누렸던지. 생각하면 신기할 정도다. 그 마지막 밤 우리는 얼마나 오래도록, 얼마나 담담하게, 얼마나 풍요로운 이야기를 함께 나누었던가!

그러나 그저 '함께'라고는 할 수 없다. 부부가 '한 몸one flesh' [5]이라는 데에는 한계가 있다. 우리는 다른 사람의 약점, 두려움, 고통을 완전히 함께하지는 못한다. 유감스럽다고 느낄 수는 있다. 당사자만큼 기분이 안 좋을 수도 있다(그렇게 느낀다고 주장하는 사람들을 믿지는 않지만). 그러나 여전히 상당히 다른 일일 것이다.

두려움에 대해서 말할 때 나는 단지 동물적인 두려움, 자신의 종국에 임하여 유기체가 느끼는 진저리를 말하는 것이다. 그 숨 막히는 느낌, 덫에 걸린 생쥐가 된 느낌. 그것은 다른 사람이 함께 느낄 수 없는 감정이다. 정신적으로 공감할 수는 있다. 육신은 그보다 덜하다. 어떤 점에서 사랑하는 사람들의 육신은 가장 덜 공감한다고 할 수 있다. 그들이 거쳐 온 사랑의 행로 덕분에 그들은 동일한 감정이 아니라 보완적이고 서로 연결되어 있으며, 심지어는 서로에 대해 상반되는 감정을 느끼도록 훈련되어 있다.

우리는 둘 다 이 점을 알고 있었다. 나는 나의 불행을 겪고

5) 창세기 2장 24절.

있었지 그녀의 불행을 겪고 있지 않았다. 그녀는 그녀의 불행을 겪고 있었지 나의 불행을 겪고 있지 않았다. 그녀의 불행이 끝나면 나의 불행이 무르익으리라. 우리는 다른 길 위에서 움직이고 있었다. 이 냉담한 진리, 이 끔찍한 도로교통법('부인, 오른쪽 길로 가시지요. 신사 양반, 당신은 왼쪽으로 가시고')은 죽음 그 자체가 의미하는 이별의 시작일 뿐이다.

그리고 이러한 이별은 누구에게나 다가온다. 나는 H와 나 자신이 이처럼 찢어진 데 대해 유별나게 운이 없다고 생각해왔다. 그러나 모든 연인들이 다 그런 것 아니겠는가. 언젠가 H는 내게 말했다.

"우리 둘이 한날 한시에 죽어 여기 나란히 누워 있는 것처럼 간다 하더라도, 당신이 그토록 두려워하던 이별이라는 점에서는 마찬가지지요."

물론 내가 알지 못했던 것처럼, 그녀 또한 **알고서** 한 말은 아니었다. 그러나 죽음이 그녀의 곁에 와 있었다. 그녀를 한방에 쓰러뜨릴 만큼 가까이 와 있었던 것이다. 그녀는 "홀로 계신 분께 홀로 가느니Alone into the Alone"라고 읊조리곤 했다. 그렇게 느껴진다고 말했다. 그렇지 않다고는 생각조차 할 수 없는 일 아닌가! 시간과 공간과 육신은 우리를 함께 묶어주는 바로 그 조건들이었다. 우리가 소통하는 전화선이었다.

그 중 하나를 끊어 내거나 두 가지를 동시에 절단해 보라. 어떤 경우든 대화는 단절되지 않겠는가?

물론 다른(완전히 다르면서도 여전히 같은 역할을 하는) 소통 수단으로 즉시 대체된다면, 사정이 달라질 것이다. 그러나 만약 그렇게 된다면, 과거의 소통 수단을 절단하는 것이 무에 그리 중요하겠는가? 하나님이 광대마냥 한순간 우리 밥그릇을 채어 갔다가 다음 순간 똑같이 생긴 다른 밥그릇으로 바꿔치기라도 하신다는 말인가? 자연조차도 그런 광대짓은 하지 않는다. 자연은 똑같은 음률을 결코 두 번 연주하지 않는다.

"죽음은 없다"라든가 "죽음이 중요한 게 아니다"라고 말하는 사람들을 참아 내기란 어렵다. 죽음은 있다. 중요하지 않은 것은 없다. 발생하는 무슨 일이건 결과가 있게 마련이며 그 일과 결과는 회복할 수도 돌이킬 수도 없다. 차라리 탄생이 중요치 않다고 말하는 편이 더 낫겠다.

밤하늘을 올려다본다. 이 모든 광대한 시간과 공간 속에서 찾아보라고 해도 그녀의 얼굴, 그녀의 목소리, 그녀의 손길을 찾아낼 수 없다는 사실보다 더 확실한 게 어디 있겠는가? 그녀는 죽었다. 죽어버린 것이다. 그것이 그렇게 알기 어려운 말인가?

내게는 쓸 만한 사진 한 장 남아 있지 않다. 상상 속에서조차 그녀의 얼굴을 분명하게 볼 수가 없다. 그러나 오늘 아침 군중들 속에서 본 한 낯선 얼굴은 오늘 밤 눈을 감으면 아주 선명하게 내 눈앞에 떠오를 수도 있다. 그 이유를 설명하기란 아주 간단하다. 우리는 사랑하는 이들의 얼굴을 아주 다양하게, 수많은 각도로, 여러 가지 빛 아래에서, 여러 가지 모습(깨는 모습, 잠든 모습, 웃는 모습, 우는 모습, 먹는 모습, 말하는 모습, 생각하는 모습)으로 보아 왔기 때문에, 그 모든 인상들이 우리 기억으로 떼지어 몰려와 결국엔 그저 흐릿함으로 퇴색해 버리고 만다. 그러나 그녀의 목소리는 여전히 생생하다. 그 목소리를 생각하면 나는 또다시 훌쩍이는 어린아이가 되어 버린다.

2

내게 종교적 진리에 대해 말해 주면
기쁘게 경청하겠다.
종교적 의미에 대해 말해 주면
순종하여 듣겠다.
그러나 종교적 위안에 대해서는 말하지 말라.
'당신은 모른다'고 나는 의심할 것이다.

처음으로 이 기록을 돌이켜 보며 읽었다. 질린다. 내가 말하는 걸 읽는다면 어느 누구라도, H의 죽음이 나 자신에게 미친 영향 때문에 문제가 되고 있다고 생각할 터이다. 그녀의 관점은 시야에서 사라진 것처럼 보인다. "살아갈 만한 이유는 너무 많아요!"라고 그녀가 외쳤던 때의 그 비통한 순간을 잊어버렸단 말인가?

행복은 그녀에게 일찌감치 찾아오지 않았다. 그러나 영겁永劫을 행복하였다 해도 H는 행복에 물리지 않았을 것이었다. 감각적이고 지적인 것, 영적인 것을 두루 즐기는 그녀의 취향은 언제나 새삼스럽고 지치지 않았다. 그녀는 어느 것도 허투루 흘려버리지 않았다. 더 많은 것을 누구보다도 더 많이 사랑하였다. 오랫동안 채워지지 못했던 고귀한 허기가 마침내 맘에 맞는 음식을 만났으나, 즉시 그 음식을 빼앗기고 말았다. 운명(아니면 다른 무엇이든)이란 대단한 능력을 만들어 내고서는 곧 그 능력을 꺾는 데 재미를 느끼는 모양이다. 베토벤은 귀머거리가 되지 않았는가. 우리 기준으로 보자면 심술궂은 장난이다. 비열한 얼뜨기가 저지르는 짓궂은 바보짓이다.

H에 대해 더 생각하고 나 자신에 대해서는 덜 생각해야 하겠다.

그렇다. 그 생각이 그럴듯하다. 그러나 뜻하지 않은 장애가 있다. 나는 거의 언제나 그녀에 대해 생각하고 있다. H에 관한 사실들(그녀가 실제 쓰던 말, 표정, 웃음, 행동)에 대해 생각하는 것이다. 그러나 그것들을 선별하여 구분 짓고 있는 것은 다름 아닌 나의 마음이다.

그녀가 죽은 지 한 달이 채 안 되었는데, 이미 내가 생각하는 그 H는 점진적이고도 은밀한 과정을 거치면서 점점 더 상상 속 여인으로 되어 가고 있음을 느낄 수 있다. 물론 그 과정이 사실에 근거한 것이기는 하다. 내가 어떤 거짓말로 살을 붙이지는 않을 것이다(그렇게 되지 않기를 희망한다). 그러나 기억 속에서 그녀를 만들어 내는 과정은 피할 수 없이 더더욱 나 자신의 작품이 되지 않겠는가? 살아 있는 H는 내가 아닌 온전히 그녀였음으로 아주 종종, 아주 뜻밖으로 나를 견제하거나 고삐를 잡아당기곤 하였으나, 이제는 더 이상 실체로서 이 자리에 버티고 서서 그렇게 해 주지 못한다.

결혼이 내게 주었던 가장 소중한 선물은, 바로 이처럼 아주 가깝고 친밀하면서도 언제나 확실하게 '내가 아닌 남'이며 순종적이지 않은, 한마디로 '살아 있는' 어떤 것의 영향력을 계속 느끼게 해 주었다는 점이다. 한데 그 모든 작용이 이제 무위로 돌아가는 것인가? 내가 여전히 H라고 부르는 존재는 끔찍하게도 내 독신 시절의 허황된 몽상과 같은 존재로 전락하는 것인가? 아, 그대여, 사랑하는 그대여. 한순간만이라도 돌아와서 이 비루한 허깨비를 떨쳐 주오. 오, 하나님, 하나님이시여. 제가 다시 껍질 속으로 기어서 돌아갈 운명이라면, 그 속으로 빨려 들어갈 운명이라면 왜 이 피조물을 그 껍질에서 나오도록 애써 끌어내셨나이까?

오늘 나는 지난 10년간 보지 못했던 사람을 만나게 되었다. 만나지 못한 세월 동안 나는 그를 아주 잘 기억하고 있다고 생각했다(외양, 언행, 그리고 그가 잘 쓰는 표현 등). 그이를 실지로 만나고 나서 첫 5분이 지나자 그 이미지는 산산조각이 나고 말았다. 그가 바뀌었다는 뜻이 아니다. 그 반대다. 나는 계속 생각했다. '그래, 맞아, 맞아. 이 사람은 이런 것을 생각하고 저런 것은 싫어하며 이러이러한 것을 알고 있었지. 고개를 저런 식으로 젖혔지. 내가 잊어버리고 있었군.'

나는 한때 그 모든 것을 알고 있었으며 그런 면들을 다시 보게 되자 곧 알아볼 수 있었다. 그러나 그런 면들은 내 마음속에 그려놓은 그의 이미지에서 모두 사라지고 없어졌다가 실체가 나타나 이미지를 대체하자, 전체적인 인상이 지난 10년간 간직하고 있던 그의 이미지와는 놀랄 만큼 달라져 버렸다.

이러한 일이 H에 대한 내 기억에서 일어나지 않으리라고 바랄 수 있을까? 그런 일이 이미 일어나고 있지 않다고 바랄 수 있을까? 천천히, 조용히, 마치 싸락눈처럼(밤새도록 눈이 올 때의 그 작은 눈싸라기들처럼) 나의 작은 싸라기들, 내가 가진 인상, 내가 취사선택한 바가 그녀의 이미지 위에 내려 덮이고 있는 중이다. 결국 진짜 모습은 가려지게 될 것이다. H의 실제 모습이 10분간, 아니 10초간이라도 나타난다면 이 모든 것을 바로잡을 수 있을 텐데. 그러나 그 10초간이 내게 허락된다 하더라도 1초 뒤에는 다시 작은 싸락눈들이 내려 덮이기 시작할 것이다. 그녀가 '나 아닌 남'이기에 생겨나는 그 거칠고 날카로우며 개운하게 톡 쏘는 맛은 이제 사라지고 없다.

"그녀는 내 기억 속에서 영원히 살아 있으리라"는 상투어처럼 딱한 말이 또 어디 있으랴! **살아 있다**고? 결코 그녀는 살아 있을 수 없다. 그보다는 고대 이집트인들처럼 죽은 자에게 향유를 발라 보존할 수 있다고 생각하는 편이 낫겠다. 죽었다는 점을 설득하기가 그리도 어렵다는 말인가? 무엇이 남아 있는가? 시신, 기억, 그리고 어떤 사람들 말에 의하면 혼령.

온통 거짓되거나 아니면 공포일 뿐. **죽은 자**를 표현하는 세 가지 다른 방식일 뿐. 내가 사랑한 것은 H였다. 그런데 나는 마치 그녀에 대한 기억 혹은 마음속의 이미지와 사랑에 빠지기를 원하는 것처럼 보였다! 그건 일종의 근친상간일 게다.

오래 전 어느 여름날 아침, 우람하고 쾌활한 막일꾼 한 사람이 호미와 물뿌리개를 들고 우리 교회 묘지에 나타난 것을 본 적이 있다. 그가 묘지 문짝을 당겨 열고서 뒤에 있는 두 친구에게 "이따가 보자고. 난 우리 어머니를 보고 갈 테니" 하고 소리지르는데, 기겁할 지경이었다. 그의 말인즉 어머니의 무덤가 잡초를 뽑고 물을 주는 등 묘지를 돌보겠다는 뜻이었다. 내게 이런 식의 감상이나 묘지 이야기 따위는 혐오스럽고 상상할 수 없는 일이어서 질겁했던 것이다.

그건 지금도 마찬가지다. 그러나 최근 내 생각의 흐름으로 볼 때, 그 사람의 사고방식에도 상당히 변호할 여지가 있지 않나 싶다(비록 나 자신은 그렇게 사고할 수 없지만). 0.5평 남짓한 꽃밭이 어머니가 된 것이다. 그것이 그에게는 어머니의 상징이며 어머니와의 연결점이었다. 그 꽃밭을 가꾸는 일은 곧 어머니를 만나는 것이다. 어떤 점에서는 이것이 자신의 기억 속에 이미지를 간직하며 애무하는 것보다 더 나은 일 아닐까?

무덤이나 이미지 모두 상상할 수 없는 것에 대한 상징이자 돌이킬 수 없는 것에 대한 연결고리라는 점은 같다. 그러나 이미지란 내가 원하는 바대로 할 수 있다는 점에서 더 불리하다. 마음속 이미지는 내 기분이 어떠냐에 따라 웃고 찡그리며 온유하다가 신났다가 상스럽게 굴다가 논쟁을 하기도 한다. 그것은 내가 줄을 쥐고 있는 꼭두각시에 불과하다. 물론 내 경우, 아직까지는 아니다. 아직은 원래 모습이 더 선명하다. 내 마음대로 되지 않는 실다운 기억이 아직도 어느 순간 뛰어들어 내 손에서 줄을 낚아채 끊어 버린다(하나님, 감사합니다). 그러나 그 이미지는 결국 내게 복종하고 말 것이며, 재미없게도 점점 더 내게 기대려 하게 되어 있다. 다른 한편, 꽃밭은 완고하고 맘대로 되지 않으며 고집스러운 실체이다. 생전의 어머니가 틀림없이 그랬던 것처럼. H가 그랬던 것처럼.

아니, H는 여전히 그렇다. 그녀가 지금도 어떤 모습으로 실재實在하고 있음을 믿는다고 솔직히 말할 수 있을까? 예를 들어 직장에서 만나는 사람들 대부분은 틀림없이 그녀는 실재하지 않는다고 생각할 것이다. 비록 인지상정으로 그들이 생각하는 바를 설득하려 하지는 않을 테지만 말이다. 최소한 지금은 그럴 것이다.

나는 정말로 어떻게 생각하고 있는가? 나는 언제든지 다른 죽은 사람들을 위해 어느 정도 확신을 가지고 기도할 수 있었고 지금도 그렇다. 그러나 H를 위해 기도하려고 하면 멈칫 한다. 혼란과 어리둥절함에 휩싸인다. 나는 그녀가 이제 살아 있는 실체가 아니라는 점을 섬뜩할 정도로 느끼고 있으며, 텅 빈 진공에다 대고 있지도 않은 무언가에 대해 이야기하고 있다는 생각이 든다.

그러한 차이점이 생기는 이유는 너무도 명백하다. 우리는 그 진실성이나 거짓됨이 우리의 생사를 좌우하는 문제가 되기 전에는 그것을 얼마나 진정으로 믿는지 알 수 없다. 줄을 상자 묶는 데 사용하는 정도라면 그 줄이 '튼튼하고 강하다는 것을 믿는다'라고 말하기란 쉽다. 그러나 그 줄로 낭떠러지에서 매달려야 하는 상황이라고 해 보자. 그렇다면 그 줄이 정말로 얼마나 믿을 수 있는지 먼저 알아보려 하지 않겠는가?

사람들에 대해서도 마찬가지다. 수년간 나는 B. R.에 대해 완전히 신뢰한다고 생각해 왔다. 그러다 어느 순간 내가 대단히 중요한 비밀을 그에게 이야기해도 되는지 아닌지 결정해야 할 때가 있었다. 그러자 내가 그를 '신뢰'하고 있다고 한 데 대해 새롭게 조명해 볼 필요가 생겼다. 그리고 그런 신뢰는 없었음을 깨닫게 되었다. 진짜 위험만이 믿음의 실상을 시험해 볼 수 있다. 다른 고인故人들을 위해 기도하는 '믿음'이란 것은(내가 '믿음'이라 생각해 온 것은) 명백하게도 고인이 실재하든 아니든 별로 마음을 기울이지 않았기에, 정말 절실하게 마음을 기울이고 있지 않았기에 강한 것처럼 보인 것이다. 그러면서도 나는 내가 절실하다고 생각했던 것이다.

다른 난관도 있다. '그녀는 지금 어디 있는가?' 즉, 그녀는 '지금 이 시각' '어느 장소에' 있는 것인가? H가 육신이 아니라면(내가 사랑하던 그 육신은 결단코 아니다) 그녀는 어느 곳에도 없다. '지금 이 시각'이라는 것은 이승의 시간 개념, 혹은 공간 개념이다. 이는 마치 그녀 혼자서 여행을 떠나고 없는데 나는 손목시계를 보면서 'H가 지금은 유스턴에 있겠군' 하고 생각하는 것과 같다. 그러나 그녀가 우리 산 사람들이 따르고 있는 '1분은 60초'라는 시간 영역에서 움직이고 있는 것이 아니라면, '지금'이 무슨 의미가 있겠는가? 만약 죽은 자가 시간의 영역에 속해 있지 않다면, 아니 우리와 같은 종류의 시간 영역에 속해 있지 않다면, 죽은 자들에 대해 **한때는 그랬다, 지금은 이렇다 혹은 앞으로는 그럴 것이다** 라고 하는 말이 서로 무슨 명확한 차이가 있겠는가?

착한 사람들은 "H는 이제 하나님과 함께 있으니까요"라고 내게 말해 주었다. 어떤 의미에서는 더없이 분명한 사실이기도 하다. 그녀는 하나님처럼 측량할 수 없고 상상할 수 없으니까.

그러나 이러한 의문이 그 자체로는 아무리 중요하다 할지라도 슬픔과 관련지어 볼 때에는 결국 그다지 중요하지 않은 것임을 알겠다. 그녀와 내가 몇 년간 함께한 지상에서의 삶이란, 사실은 두 개의 상상할 수 없고 초우주적이며 영원한 어떤 것의 기초이거나 서곡, 혹은 지상의 겉모습일 뿐이라고 해 보자. 이 두 가지 모습을 구체球体 혹은 구형球形이라고 머릿속에 그릴 수 있겠다. 이승에서 자연이라는 칼로써 이들을 단면으로 잘라 버리면 이들은 마치 두 개의 원으로 보일 것이다(원이란 구체의 단면이니까). 서로 맞닿아 있는 두 개의 원.

이러한 두 개의 원, 그 중에서도 이들이 맞닿아 있는 그 지점이야말로 내가 애도하고 그리워하며 갈구하는 바로 그것이다. "그녀는 새로운 세상으로 나아간다"라고 사람들은 말한다. 그러나 내 몸과 마음은 "돌아오라, 돌아오라" 하고 울부짖는다. 원형이 되어 주오, 칼로 잘린 단면에서 내 원형과 맞닿아 주오. 그러나 이것이 불가능함을 나는 안다. 내가 원하는 것은 절대로 내가 얻을 수 없는 것임을 안다. 예전의 삶, 농담, 한 잔의 술, 논쟁, 사랑 나누기, 더없이 사소하지만 가슴이 미어지는 평범한 것들. 어떤 관점에서 보더라도 "H가 죽었다"는 말은 "모든 것이 사라졌다"는 말이다. 그것은 과거의 일부이다. 과거는 과거이며 시간을 의미하는 것이고, 시간 그 자체가 죽음의 또 다른 이름이며, 천국이란 "이전 것은 지나가 버린"[6] 상태를 의미하는 것이다.

내게 종교적 진리에 대해 말해 주면 기쁘게 경청하겠다. 종교적 의미에 대해 말해 주면 순종하여 듣겠다. 그러나 종교적 위안에 대해서는 말하지 말라. '당신은 모른다'고 나는 의심할 것이다.

물론 당신이 순전히 지상의 용어로 그려진 '요단 강 건너' 가족의 재회 등에 대해 모두 글자 그대로 믿고 있다면 다른 문제이다. 그러나 그것은 성경과 전혀 상관이 없으며, 덜 떨어진 찬송가나 석판화에서 나온 것이다. 성경에는 그에 관한 말씀이 한마디도 없다. 듣기에도 거짓되게 들린다. 우리는 그렇게 되지 못하리라는 것을 **알고 있다**. 실제란 결코 반복되지 않는다. 그것을 **빼앗았다**가 바로 되돌려 주는 일은 일어나지 않는

6) 고린도후서 5장 17절.

다. 심령술사들은 그런 미끼로 얼마나 사람들을 꾀는 것인지! "내세의 삶도 알고 보면 그렇게 다르지 않다"는 둥. 천국에도 담배가 있다는 식이다. 그래야 우리 모두 좋아할 테니까. 행복한 과거의 복원이라니.

그러나 바로 그것이 내가 한밤중에 미친 듯 애정과 탄원을 담아 허공으로 울부짖는 내용이다.

딱하게도 C는 내게 "소망 없는 다른 이와 같이 슬퍼하지" 말라는[7] 말씀을 들려주었다. 그처럼 우리보다 훨씬 더 뛰어난 사람을 향한 말씀을 우리 자신에게 적용해 보라고 할 때 나는 기겁한다. 바울 사도의 말씀은 죽은 자보다 하나님을 더욱 사랑하는 사람들에게만, 또 자기 자신보다 죽은 자들을 더 사랑하는 사람들에게만 위안이 될 수 있다. 만약 어머니가 죽은 아이를 잃었음을 슬퍼하지 않고 그 아이가 무엇을 잃어버렸나를 생각하며 슬퍼한다면, 죽은 아이가 자신이 창조된 목적을 잃어버리지는 않았다고 믿는 것이 위안이 된다.

또한 그녀 스스로 단 하나의 자연스러운 행복을 잃었으면서도 더 위대한 것(여전히 "하나님을 경외하며 영원히 그를 즐거워하라"는 말씀을 희망할 수 있다는 것)을 잃어버리지 않았다고 믿는 것은 위안이 된다. 하나님을 향한, 그녀 내면의 영원한 영혼에

7) 데살로니가전서 4장 13절.

는 위안이 된다. 그러나 그녀의 어머니 됨에는 위안이 되지 못하리라. 특히 어머니로서의 행복은 지워 버려야만 하리라. 어느 곳 어느 때에도 그녀는 다시는 무릎 위에 아이를 올려놓지 못할 것이며, 목욕시키지도, 이야기를 들려주지도, 아이의 미래를 계획하지도, 손주를 보지도 못하리라.

사람들은 이제 H가 행복하다고 말한다. 그녀는 이제 평화롭다는 것이다. 무슨 근거로 그렇게 확신하는 걸까? 내가 최악의 경우를 두려워하고 있다는 뜻은 아니다. 그녀의 마지막 말 중 하나는 "저는 하나님과 더불어 평화롭습니다"라는 것이었다. 그녀가 언제나 평화로웠던 건 아니었다. 그렇다고 그녀가 거짓말을 한 것도 아니다. 그녀는 쉽사리 속아 넘어갈 사람도 아니고, 더구나 자신을 위해 속임수를 믿을 사람도 아니다. 나는 그런 뜻으로 말하는 것이 아니다.

왜 사람들은 모든 괴로움이 죽음과 더불어 사라진다고 확신하는 걸까? 기독교 세계에서도 절반이 넘는 사람들이, 그리고 동방에서도 수백만의 사람들이 그렇지 않다고 믿고 있다. 그런데도 사람들은 그녀가 '안식'한다고 어떻게 확신한단 말인가? 다른 것은 다 제쳐 두더라도, 남은 사람을 이토록 괴롭게 하는 이별이 떠나는 사람에게는 왜 고통스럽지 않단 말인가?

"왜냐하면 이제 하나님 품 안에 있기 때문"이라고들 한다.

그러나 그녀는 언제나 하나님 품 안에 있었으며 나는 하나님의 손이 그녀에게 어떤 일을 하셨는지 봐 오지 않았던가. 우리가 육신을 벗고 나면 하나님이 갑자기 더 다정하게 대해 주시기라도 한다는 말인가? 만일 그렇다면 왜인가? 하나님의 선하심이 일관성 없이 우리를 고통스럽게 하다가 말다가 하는 것이라면, 하나님은 선하지 않거나 아니면 존재하지 않는 것이다. 우리가 아는 이승의 삶에서 그분은 우리가 가장 두려워하는 것보다 더한, 상상할 수 있는 그 모든 것보다 더한 고통을 우리에게 주시지 않는가 말이다. 만약 일관성 있게 고통을 주시고자 한다면, 죽은 후에도 이전과 마찬가지로 고통을 주실 수 있으리라.

어떤 때는 "주여 주를 용서하소서"라고 말하지 않을 수 없다. 어떤 때는 그렇게 말하는 것조차 힘들다. 그러나 우리의 믿는 바가 진실이라면, 하나님은 그렇게 하지 않으셨다. 스스로를 십자가에 못 박지 않으셨던가.

자, 회피한다고 얻는 것이 무엇인가? 우리는 고통 속에 있으며 이를 피할 수 없다. 현실은, 똑바로 쳐다본다면 견디기 힘든 것이다. 그렇다면 그러한 현실이 왜 여기서는 의식意識이라는 끔찍한 현상으로 피어나고 저기서는 그런 현상이 퇴색하는가? 왜 현실을 볼 수 있고 그것을 보면서 혐오하여 움츠

러드는 우리를 만들어 내는가? 더 이상한 것은, 누가 그런 현실을 보기 원하며 찾아내려 애쓴단 말인가? 아무 필요 없을 때조차 그런 현실을 보는 것은, 보는 이의 마음에 치유할 수 없는 암종癌腫을 남기는데 말이다. H와 같은 사람들, 어떤 값을 치르더라도 진실을 알고자 하는 사람들이나 그렇지.

만약 H가 '지금 없다면' 예전에도 없었던 셈이다. 나는 한낱 원자들의 덩어리를 사람으로 착각한 것이다. 결코 없었고 이제도 없는 것이다. 죽음은 항상 거기 있었던 텅 빈 진공을 드러내 보여 줄 뿐이다. 우리가 살아 있다고 부르는 사람들은 아직 가면을 벗지 않았을 따름이다. 모두들 파산 상태에 이르렀지만, 어떤 이들은 아직 선고를 받지 않았을 뿐이다.

그러나 이건 말도 안 된다. 텅 빈 진공이 누구에게 드러난다는 말인가? 파산이 누구에게 선고된다는 말인가? 다른 불꽃놀이 상자들에게? 아니면 다른 원자들의 덩어리에게? 물질적 사건들의 조합이 다른 물질적 사건들의 조합에 대해 오인을 하고 실수를 하다니, 믿기지도 않고 믿을 수도 없다.

아니, 나의 진짜 두려움은 물질주의에 관련된 것이 아니다. 만약 위에서 말한 것이 사실이라면 우리는(혹은 우리가 '우리'라고 착각하는 것은) 그 고통으로부터 벗어날 수 있을 것이다. 수면제 과용으로 문제를 해결해 버리면 되니까. 나는 우리가 사실은 덫에 갇힌 쥐가 아닐까 싶어 더 두렵다. 아니, 더 나쁘게는 실험실의 쥐들인지도 모른다. 누군가 "하나님은 언제나 기하학적으로 행하신다"[8]라고 했다. 사실은 "하나님은 언제나 생체실험을 행하신다"이면 어쩔 텐가?

조만간 나는 이 문제를 단도직입적으로 대면하지 않을 수 없게 될 것이다. 우리가 아는 어떤 준거를 들이대더라도 하나님이 '선한 분'이라는 믿음은 우리의 절망적인 희망사항일 뿐, 그 밖에 무슨 근거가 있는가? 모든 명백한 prima facie 증거는 그 정반대를 가리키고 있지 않은가? 그에 대한 반론을 펴기 위한 증거라도 우리에게 있단 말인가?

우리는 그리스도를 그 반대되는 증거로 내세운다. 그러나 그리스도께서 착각하신 것이라면? 그분의 마지막 말씀은 완전히 명료한 뜻을 가지고 있는 듯하다. 그리스도께서는 자신이 '아버지라 부른 존재'가 상상했던 바와는 끔찍하리만치 엄청난 차이가 있음을 깨달으셨다. 오랫동안 치밀하게 준비되었으며, 긴가민가하는 미끼가 놓인 덫이 마침내 튀어 올라 십자가에 그분을 매달았다. 몹쓸 장난이 실제로 성공한 것이다.

기도하고 소망할 때마다 목이 메는 것은, H와 내가 드렸던 기도와 우리가 가졌던 헛된 소망을 기억하게 되기 때문이다.

8) 그리스의 철학자 플라톤이 자연을 수학적으로 해석하고자 한 시도에서 나온 명제.

단지 우리의 부질없는 바람을 말하는 게 아니다. 잘못된 진단이나 엑스레이 사진을 통하여, 혹은 이상하게도 나아지던 상태, 거의 기적과도 같았던 일시적인 회복 등등을 통하여 우리가 믿게 되었던 희망, 심지어는 희망하도록 강제되었던 부분에 대해 말하는 것이다. 한 걸음 한 걸음 우리는 '동산의 길을 걸어 올라갔다.' 하나님은 가장 자비로운 듯 보일 때마다 실은 다음 번 고문을 준비하고 계셨던 것이다.

위의 글은 어젯밤에 썼다. 생각을 적어내려 갔다기보다는 소리를 내지른 것이었다. 다시 한 번 더 해 보자. 나쁜 신을 믿는 것이 합리적인가? 어쨌든 그처럼 나쁜 점을 가지고 있는 신을 믿는 것이? 우주를 다스리는 가학적인 신, 악의에 찬 얼뜨기를?

다른 점을 다 제쳐 두더라도, 위의 글에는 너무 의인화하는 오류가 있다고 생각한다. 생각해 보면, 신을 '긴 수염에 위엄 있고 연로한 왕'으로 상상하는 것보다 더 의인화하고 있는 것이다. 그런 이미지는 융Jung 학설의 원형적 이미지이다. 융은 신을 이야기 속 현명한 노왕老王이나 선지자, 현인, 마술사와 연결짓는다. 융의 신은 비록 형식적으로는 인간의 모습을 하고 있지만, 인성人性 이상의 어떤 것을 의미한다. 최소한 그것은 우리보다 더 오래된 어떤 것에서 아이디어를 취하여, 우리보다 더 아는 것이 많으며 우리가 측량할 수 없는 어떤 형태를 하고 있다. 그것은 신비를 간직하고 있다. 그러기에 희망을 품을 여지도 있는 것이다. 그러므로 악의에 찬 군주의 악행에서 느끼는 단순한 두려움을 넘어서는 경외심과 무서움의 여지도 있는 것이다.

그러나 어젯밤 내가 만들어 낸 이미지란 단순히 S. C. 같은 인물의 복사본이나 마찬가지다. 그는 저녁식사 때 내 옆에 앉아 그날 오후 고양이들에게 했던 못된 짓을 이야기해 주는 인물이다. S. C. 같은 존재라면, 아무리 부풀려 놓는다 하더라도 어떤 것도 만들어 내거나 창조한다거나 다스릴 수 없는 인물이다. 신이 그런 존재라면 덫을 놓아 미끼로 꾈 것이다. 그러나 사랑이나 웃음, 수선화나 서리 낀 날의 일몰 같은 미끼는 결코 생각해 내지 못할 것이다. **그런 그가** 우주를 만든다고? 농담이나 인사도 할 줄 모르고 사과를 하거나 친구를 사귀지도 못할 위인인 그가?

그러나 나쁜 신의 개념을 심각하게 도입해 볼 수는 있지 않을까? 말하자면 극단적 캘빈주의를 끌어다 쓰는 부정적 방식을 통해서 말이다. 우리는 타락하였으며 날 때부터 원죄를 지고 났다고 할 수 있다. 너무 많은 죄를 지고 태어났기에 선에 대한 우리의 개념은 아무런 의미도 없다. 무의미할 뿐 아니라, 우리가 선하다고 생각한다는 사실 자체가 그것이 정말로 악하다고 추정할 수 있는 단서가 된다. 그렇다면 신은 사실 우리가 악하다고 생각하는 모든 특징(불합리, 허영심, 복수심, 불공평, 잔인함)의 총합이다. 우리가 가장 두려워하던 것들이 모두 사실인 것이다. 그러나 이러한 것들이 우리에게는 검정색으로 보일지 몰라도 사실은 흰색이라는 것이다. 그것들을 검정색으로 보이게 하는 것은 우리가 그만큼 죄를 많이 지어 그런 것이다.

그래서 어쨌단 말인가? 이러한 생각은, 실질적이고 추론적인 면에서 공히 '신'이라는 개념을 지워 버린다. **선하다**는 말은 신에게 적용될 때 의미가 없어지는 것이다. 마치 '수리수리 마수리'라고 외는 주문이 아무 의미 없는 말이듯이. 우리는 신에게 복종해야 할 아무런 동기가 없다. 두려움조차도 느낄 필요가 없다. 신이 위협을 한다거나 약속을 하기는 하겠지. 그러나 왜 우리가 그를 믿어야 하나? 만약 신의 관점에서 볼 때 잔인함이 '선'이라면, 거짓말을 하는 것도 '선'일지 모른다. 그런 것들조차 참이라면, 그 다음에는 무슨 결과가 오는가? 신의 선 개념이 이토록 우리와 다른 것이라면, 그가 말하는 천국이란 우리가 생각하는 지옥일 것이요 그 반대로 신의 지옥은 우리의 천국이 될 것이다. 궁극적으로 실체가 그 근원에서부터 이토록 우리에게 의미 없는 것이라면(달리 말해 우리가 그토록 완전히 얼뜨기들이라면) 신이나 그 밖의 다른 것에 대해 생각하는 것이 무슨 의미가 있겠는가? 이러한 생각은 똑바로 묶으려 할수록 풀어져 버리는 매듭과도 같다.

왜 나는 마음속에다 이처럼 쓰레기 같고 말도 안 되는 생각을 남겨 놓는 것인가? 이렇게 하면 마치 내가 덜 느낄 수 있기라도 하는 양, 손바닥으로 느낌을 가리려 하고 있는 것인가? 이 모든 기록이, 고통이란 겪는 수밖에 없다는 사실을 받아들이지 않으려는 자의 의미 없는 글쓰기에 불과한 것이 아닐까? 누가 있어 아직도 고통을 고통으로 느끼지 않게 하는 요술장치가 (찾을 수만 있다면) 존재하는 것이라 생각하는 겐가? 치과에서는 손으로 의자를 꽉 붙들고 있든, 손을 점잖게 무릎 위에 올려놓고 있든 문제가 되지 않는다. 드릴은 입속을 파고들어오는 것이다.

그리고 슬픔은 여전히 두려움처럼 느껴진다. 더 정확하게 말하자면, 어중간한 미결 상태 같기도 하다. 혹은 기다림 같기도 하여 무슨 일인가 일어나기를 막연히 기다리고 있는 것 같다. 슬픔은 삶이 영원히 임시적이라는 느낌을 갖게 한다. 무언가 시작한다는 것을 가치 없어 보이게 한다. 나는 차분히 안정

할 수가 없다. 하품을 하고 몸을 뻗대며 담배를 너무 많이 피운다. 지금까지 나는 너무 시간이 없었다. 이제는 시간밖에 없다. 거의 순수한 시간, 그 텅 빈 연속만이 있는 것이다.

한 몸. 한 척의 배라고 해도 좋다. 배의 우현 엔진이 날아가 버렸다. 좌현 엔진인 나는 항구에 닿을 때까지 어떻든 덜컥거리며 가야 한다. 여행이 끝날 때까지 말이다. 어떻게 항구를 알아보느냐고? 바람이 불어 가는 쪽의 해안, 아니면 칠흑 같은 밤 귀청을 찢을 듯한 칼바람 속에서 거대한 파도가 앞을 가로막을 때 육지에서 구조원이 흔드는 것 같은 불빛. 그것이 H가 긴 항해 끝에 발견한 땅이었다. 그것이 나의 어머니가 발견한 땅이었다. 나는 그들이 '발견한' 것이라 말한다, 육지에 도착한 것이 아니라.

마가목 열매가 빨갛게 익어가는 것을
보는 순간 왜 하필이면 그것이
우울하게 보이느냐 말이다.
괘종시계 소리를 들으면, 그 소리에
항상 있었던 어떤 특징이 빠져 나가고 없다.
세상이 이처럼 무미건조하고 남루하고
닳아빠진 모습을 하고 있으니
이게 웬일일까?

내가 언제나 H를 생각하는 것은 아니다. 일도 해야 하고 사람들과 대화도 나눠야 하는 덕분에 그것은 불가능하다. 그러나 어쩌면 H를 생각하고 있지 않을 때가 최악의 상태인지도 모르겠다. 그럴 때면, 이유 없이 모든 게 잘못되었다는 막연한 생각, 무언가 사라져 버리고 없다는 생각이 퍼져 간다. 끔찍한 일이 일어나진 않았지만, 기분 나쁜(아침식사 중에 이야기하면 전혀 놀라울 것조차 없는 그런) 꿈속처럼 그 모든 환경이나 분위기는 아주 음산하다.

그런 것이었다. 마가목 열매가 빨갛게 익어 가는 것을 보는 순간 왜 하필이면 그것이 우울하게 보이느냐 말이다. 괘종시계 소리를 들으면, 그 소리에 항상 있었던 어떤 특징이 빠져

나가고 없다. 세상이 이처럼 무미건조하고 남루하고 닳아빠진 모습을 하고 있으니 이게 웬일일까? 아, 알겠다.

내가 두려워하던 일 중 하나가 이것이다. 그 고뇌와 한밤중의 미칠 것 같던 순간들은 자연적 과정을 거치면서 사라져 버리게 되어 있다. 그러나 그 뒤에는 어떤 일이 일어날 것인가? 이러한 무감각과 무미건조함이란 말인가? 왜 이 세상이 누추한 거리 같으냐고 묻지 않게 될 날이 올까? 그 너저분함을 정상으로 여기게 될 것이기 때문에? 슬픔은 결국 가벼운 구역질을 동반하는 권태로 빠져 들게 되는 것인가?

느낌, 느낌, 느낌뿐이로군. 대신 생각을 좀 해 보자. 합리적인 관점에서 볼 때, H의 죽음으로 우주적 문제에 어떤 새로운 요소가 야기되는가? 내가 믿는 모든 것을 의심하는 일에 H의 죽음은 어떤 근거를 제공하는가? 나는 이미 이러한 일이, 혹은 그보다 더한 일이 매일같이 일어나고 있음을 알고 있었다. 그런 것들을 이미 계산에 넣고 있었다고 말해야 하겠다.

나는 세속적인 행복에 기대지 말라고 경고를 받은 바 있었고, 스스로 그렇게 다짐하기도 했다. 우리는 심지어 고난 겪을 것을 약속받은 처지 아니던가. 그것은 예정된 계획의 일부였으니까. 게다가 우리는 "애통하는 자는 복이 있다"[9]라는 말을

9) 마태복음 5장 4절.

들기조차 하였으며, 나는 그것을 받아들였다. 미리 생각하고 계산해 보지 않은 것은 하나도 없었다. 물론 그것이 남이 아닌 나 자신에게, 그리고 상상이 아니라 실제로 일어난다면 이야기가 달라진다. 그렇다, 맞는 말이다. 그러나 정신이 온전한 인간이 이러한 일로 이만큼이나 달라져야만 하나? 아니, 그렇지 않다. 그 사람의 믿음이 진실한 것이고 다른 사람의 슬픔에 대한 염려가 진정한 것이었다면 달라지지 않을 것이다.

이 경우는 너무도 단순명료하다. 만약 내 집이 일격에 붕괴되어 버린다면, 그것은 카드로 만든 집이기 때문이다. 이러한 일들을 '계산에 넣고 있었던' 믿음은 믿음이 아니라 상상일 뿐이다. 이들을 계산에 넣는 것은 진정한 공감이 아니다. 내가 만일 (내 생각처럼) 세상의 슬픔에 대해 진정으로 염려하였다면, 나 자신에게 슬픔이 닥쳐왔을 때 이처럼 압도되지 않았을 것이다. 상상 속 내 믿음은 '질병' '고통' '죽음' '외로움' 등으로 이름 붙여진 가짜 돈으로 계산놀이를 하고 있었던 것이다. 나는 밧줄이 나를 지탱해 줄지 어떨지 문제가 되기 전까지는 그 밧줄을 믿고 있다고 생각했다. 이제 그것이 문제가 되자, 믿고 있지 않았음을 깨닫는다.

카드놀이를 하는 사람들은 게임에 돈을 걸어야지 "그렇지 않으면 사람들이 게임을 진지하게 생각하지 않는다"고 말한다. 분명 이와 같다. 하나님이든 아니든, 선한 신이든 우주의 가학적 신이든, 영생이든 비존재든, 그에게 아무것도 걸지 않으면 진지할 것이 하나도 없다. 그러다가 판돈이 엄청나게 높아져 마침내는 가짜 돈이나 푼돈이 아니라 세상에서 가진 모든 것을 내놓아야 할 순간이 되어서야 얼마나 진지하고 심각한 사태인지 깨닫게 될 것이다. 그보다 덜한 상황에서는 절대로 이 세상에서 (적어도 나 같은 사람으로서는) 사람을 머릿속 생각이나 단지 개념적인 믿음으로부터 흔들어 떨쳐 버릴 수 없다. 그런 사람이 정신을 차리려면 한 대 얻어맞아 멍해져야 한다.

오직 극심한 고통만이 진실을 이끌어 낼 것이다. 오직 그러한 고통 아래에서만 그는 스스로 진실을 발견할 것이다. 만약 내 집이 카드로 만든 것이었다면 한방에 빨리 날려 보내는 것이 더 좋다는 점을 인정하지 않을 수 없다(H라면 몇 마디 경구를 들이밀어 나로 인정하게 만들었을 테지만). 오직 고난을 겪음으로써 그렇게 될 수 있다. 그렇다면 우주의 가학적인 신이나 생체실험하는 신 따위는 불필요한 억측에 지나지 않게 된다.

금방 쓴 글은 내가 치유불능의 인간임을 보여 주는 건가? 현실이 내 꿈을 산산조각 내 버린다 하더라도, 처음 충격이 계속되는 동안 쓸고 닦고 울고불고 하다가 그 다음에는 참을성을 가지고 멍청하게 다시 조각 맞추기를 하고 있는 인간임을 나타내 주는 표지인 걸까? 난 언제나 그래야 하는가? 카드로 만든 집이 아무리 자주 부서지더라도 그것을 새로 짓고 또 지어야 하나? 그것이 지금 내가 하고 있는 짓인가?

그렇다면 소위 '믿음의 재건'을 위한 노력은 또 다른 카드로 만든 집으로 이어지기 십상이다. 그리고 (예를 들어 내 몸에서 치명적인 병이 진단되거나 전쟁이 터지는, 혹은 일을 하다가 엄청난 실수를 하여 나 자신을 망가뜨리는 등의) 다음 번 공격이 올 때까지 나는 그것이 마분지 집인지 아닌지 모를 것이다. 그러나 두 가지 의문점이 있다. 어떤 의미에서 그것이 카드로 만든 집인가? 내가 지금 믿고 있는 것이 단지 꿈이기 때문인가, 아니면 내가 그것을 믿고 있다는 미망迷妄에 빠져 있기 때문인가?

내가 믿고 있는 것들에 대해 말하자면, 일주일 전의 내 생각이 왜 지금 하고 있는 더 나은 생각보다 더 믿을 만하다고 보아야 하는가? 일반적으로 보자면, 분명히 나는 일을 당한 그 당시보다 지금 정신이 더 온전하다. 왜 멍해진 사람의 절망적인 상상이(마치 뇌진탕이 일어난 것 같다고 말한 적이 있다) 특별히 더 신뢰할 만하다고 보아야 하는가?

그 생각들 속에는 헛된 희망이 전혀 들어 있지 않기 때문에? 너무 끔찍하기 때문에 더 사실일 가능성이 많아서? 그러나 희망이 이루어지는 꿈만큼이나, 두려움이 사실로 되는 꿈도 있다. 그런데 그것들이 완전히 혐오스럽기만 했던가? 그렇지 않다. 어떤 의미에서 나는 그런 것들을 좋아한다. 심지어 그 반대의 생각을 받아들이는 데 약간 주저하기조차 한다.

가학적인 신에 대한 생각들은 사상의 표현이라기보다는 증오의 표현에 가깝다. 그렇게 함으로써 나는 괴로움에 찬 인간만이 얻을 수 있는 그런 쾌락(반격하는 데서 오는 쾌락)을 느끼고 있었다. 그건 그저 저잣거리에서 쓰는 악의에 찬 욕설일 뿐이었다. '내가 하나님을 어떻게 생각하는지 하나님께 말하는 것'은 그저 욕설일 뿐이었다. 물론 모든 욕설이 그렇듯이, '내가 생각하는 것'이 곧 내가 참되다고 생각하는 것을 의미하지 않는다. 내가 어떻게 생각하는지 털어놓는 것은 하나님(과 그 숭배자들)을 가장 욕되게 할 뿐이다. 이러한 종류의 욕설을 퍼부으면 모종의 쾌락을 느낀다. '가슴속 맺힌 것을 털어놓고' 마는 것이다. 그러면 잠깐은 기분이 더 나아진다.

그러나 그 기분으로 증거를 삼을 수는 없는 일이다. 물론 고양이는 자기를 수술하는 사람을 향해 할 수만 있다면 울부짖고 침 뱉고 깨물려고 할 것이다. 그러나 진짜 문제는 그가 수의사인지 아니면 생체실험을 하고 있는지에 관한 것이다. 고양이가 욕설을 퍼붓는다고 해서 어느 한쪽으로 의미가 밝혀지는 것은 아니다.

내가 겪은 괴로움을 생각해 보면, 하나님은 수의사 쪽이라고 믿을 수 있다. 그러나 H의 괴로움을 생각해 보면, 그렇게 말하기가 더 어려워진다. 슬픔 따위는 육체적 고통과 비교해 볼 때 아무것도 아니지 않은가? 바보들이 뭐라 하든지 간에, 육신은 마음보다 스무 배는 더 고통을 겪는다. 마음은 언제나 회피할 능력이 있다. 최악의 경우에도 참을 수 없이 괴로운 생각은 단지 왔다 갔다 맴돌 뿐이지만, 육신의 고통은 너무나 지속적인 것이다. 슬픔이란 빙빙 도는 폭격기와 같아서 한 번 원을 그릴 때마다 폭탄을 떨어뜨린다. 그에 비해 육신의 고통이란 1차 대전 당시 참호에 퍼부어 대던 끊임없는 연발 포화와 같아서, 한순간도 쉼 없이 몇 시간이고 계속되는 것이다. 생각은 결코 머물러 있지 않다. 그러나 고통은 종종 몸 위에 그대로 머물러 있다.

자신의 고통에 대해서만 생각하고 그녀의 고통에 대해 생각하지 않는 연인이라니, 나는 얼마나 덜된 인간인가! "돌아와 주오"라며 미친 듯 부르짖는 외침조차도 온전히 나 자신을 위한 것이다. 만약 그런 일이 가능하여 그녀가 되돌아온다 하더라도 그것이 그녀에게 좋은 일일지 어떨지 한 번도 생각해 본

적이 없다. 나는 **나의** 과거를 복원하는 하나의 요소로서 그녀
가 돌아오기를 바라는 것이다. H에게 이보다 더 나쁜 경우를
바랄 수 있겠는가? 한 번 죽음을 겪고 나서 다시 돌아왔다가
먼 훗날 또다시 죽으라고? 스데반이 최초의 순교자라고들 한
다. 그러나 나사로가 더 부당한 취급을 당한 게 아닐까?[10]

알겠다. H에 대한 내 사랑이란 하나님에 대한 내 믿음과 거
의 같은 종류의 것이었다. 그러나 과장해서는 안 된다. 과연
믿음 안에 상상 외의 다른 것은 없었는지, 사랑 안에 이기주
의 말고 다른 것은 없었는지는 하나님만이 아실 것이다. 나는
모른다. 아마 그런 것들 말고도 조금은 더 있었을지도 모르겠
다. 특히 H를 향한 내 사랑에는 말이다. 그러나 둘 중 어느 것
도 내가 생각한 모습과는 거리가 멀다. 둘 다 카드로 만든 성
채였다.

이러한 내 슬픔이 어떻게 발전해 가는지, 그래서 내가 어찌
되든 무슨 상관이랴? 내가 그녀를 어떻게 기억하든, 내가 그
녀를 기억하든 안 하든 무슨 상관이랴? 내가 무슨 짓을 하더

---

10) 스데반은 초대 교회 일곱 리더 중 한 사람으로 유대 지도자의 공회에서 설교하다
가 끌려 나가 돌에 맞아 죽었다(사도행전 6, 7장 참조). 나사로는 병으로 죽어 묻힌
지 나흘째 되던 날에 그리스도의 부르심으로 다시 살아난 인물이다(요한복음 11장
1-44절 참조).

라도 그녀가 과거에 겪었던 괴로움을 덜어 주거나 더 무겁게 하지 못할 것이다.

그녀가 겪었던 괴로움. 그 모든 괴로움이 이제는 과거형이라고 어떻게 알 수 있으랴? 나는 아무리 독실한 영혼이라 해도 죽음의 문턱을 넘으면서 성인聖人이 된다거나 평화를 얻게 된다고는 믿지 않았다. 그것은 터무니없는 일이라고 생각했다. 이제 와서 그런 것을 믿는다는 것은 턱없이 부질없는 소망을 품는 짓이나 다름없다.

H는 대단한 사람이었다. 올바른 영혼을 지녔으며 영민英敏하고 칼과 같이 벼려진 사람이었다. 그러나 완벽한 성인은 아니었다. 죄 많은 남자와 결혼한 죄 많은 여인이었다. 우리는 하나님의 수많은 환자들 중 하나였고, 아직까지 치유받지 못한 남녀들이었다. 거기엔 닦아 주어야 할 눈물만 있는 것이 아니라 박박 닦아 내야 할 얼룩도 있었음을 나는 안다. 칼은 더욱더 빛나게 벼려져야 한다.

그러나 하나님, 부드럽게, 부드럽게 하소서. 날이 가고 달이 갈수록 당신은 휠체어에 앉은 그녀의 몸을, 아직도 살아 있는 그녀의 육신을 깨뜨리셨습니다. 그것으로 충분하지 않습니까?

끔찍한 것은, 이 문제에 관한 한 선한 신이라 하더라도 가학적인 신과 마찬가지로 완고하기 짝이 없다는 점이다. 하나님이 우리를 치유하고자 고통을 주신다는 사실을 믿으면 믿을수록, 자비를 구하는 일이 아무 소용 없음을 더욱더 믿지 않을 수 없다. 잔인한 사람이라면 뇌물을 주어 빌어 볼 수라도 있다. 스스로 자신의 사악한 놀이에 지칠 수도 있다. 잠깐이나마 자비심을 가질 수도 있다. 마치 술주정뱅이가 잠시 제정신이 드는 것처럼 말이다. 그러나 우리가 맞대면하고 있는 이가 온전히 선한 의도를 가진 외과의사라고 한다면 어쩔 것인가. 그가 다정하고 양심적인 사람일수록, 더욱 무자비하게 썩은 살을 잘라 낼 것이다. 그가 우리의 애걸복걸에 꺾이고 만다면, 수술이 끝나기도 전에 그만둬 버린다면, 그때까지 겪은 고통은 아무 소용 없게 될 것이다.

그러나 이토록 극단적인 고통이 우리에게 필요하다는 것을 믿어야 하는가? 스스로 선택할 일이다. 고통은 일어난다. 만약 그 고통이 불필요한 것이라면, 신이란 존재하지 않거나 악한 존재일 것이다. 만약 선한 신이 계시다면, 이러한 고통은 필요한 것이다. 적당히 선한 초월자라 하더라도, 고통이 필요 없을 진대 그저 고통을 주거나 허용하지는 않을 것이기 때문이다.

어느 쪽이든 우리는 택해야 한다.

어떤 사람들은 "하나님은 선하신 분이니 나는 그분이 두렵지 않아"라고 말하는데, 이는 무슨 의미인가? 생전 치과에도 안 가 보았단 말인가?

어쨌든 이건 견딜 수 없이 괴롭다. 그러니 실없는 소리나 지껄이고 있다. "그녀 대신에 고통을 감내할 수 있다면, 아무리 어려운 일일지라도, 어떠한 일일지라도 견디겠건만."

그러나 이는 아무것도 걸지 않고 하는 말이기에 그 판돈이 얼마나 큰 지 알 수 없다. 만약 그 말이 갑작스레 실현된다면, 그때 처음으로 우리가 얼마나 진지하게 그 말을 했는지 깨닫게 될 것이다. 그러나 과연 그런 일이 허용되기나 할 것인가?

그런 일은 오직 한 분에게만 허용되었다고 우리는 배웠으며, 그렇게 될 수 있는 일이라면 무엇이든 그분이 대신 행하셨음을 나는 다시금 믿는다. 그분은 우리의 실없는 소리에 이렇게 응답하신다. '너희는 그렇게 할 수도 없고 감히 그렇게 해서도 안 된다. 나는 그리 할 수 있었으며 감히 감당하였다.'

예기치 못한 어떤 일이 일어났다. 오늘 아침 일찌감치 일어난 일이다. 그 자체로서는 전혀 신비로운 일도 아니건만, 여러 가지 이유로 내 마음은 몇 주 만에 더할 나위 없이 가벼웠다.

우선 한 가지는 내가 기진맥진해 있던 탈진 상태로부터 육체적으로 회복하고 있는 것 같다는 점이다. 그리고 그 전날 아주 고되지만 매우 건강한 12시간을 보낸 후 훨씬 달게 밤잠을 잘 수 있었다. 게다가 열흘 동안 낮게 걸려 있던 잿빛 하늘과 움직일 줄 모르던 후텁지근한 습기가 걷히고, 태양이 빛나고 산들바람이 불었다. 그리고 H의 죽음에 대해 여지껏 가장 덜 슬퍼한 그 순간 불현듯, 나는 그녀를 가장 선명하게 기억했다. 정말이지 그것은 추억보다 더 선명한 어떤 것이었다. 즉각적이면서도 뭐라 말할 수 없는 인상과도 같았다. 마치 '만남'과도 같았다고 하면 너무 지나친 말로 들릴지도 모르겠다. 그러나 그 속에는 그러한 말을 하게 만드는 무언가가 있었다. 마치 슬픔을 걷어 내자 장벽이 제거되는 것과도 같았다.

왜 아무도 내게 이런 점들에 대해 말해 주지 않았을까? 지금의 나와 같은 처지에 있는 다른 사람을 보았다면 내가 얼마나 곡해하기 쉬웠겠는가? 그를 보았다면 아마 이렇게 말했을 것이다.

"슬픔을 벗어났군. 이제 아내를 잊어버렸어."

그러나 실상은 '슬픔을 일부 벗어났기 **때문에** 그녀를 더욱 잘 기억하는 것이다.'

그것이 사실이다. 그리고 그에 대해 일리 있는 설명을 할 수 있을 것 같다. 눈물로 눈이 흐려져 있을 때는 어느 것도 똑똑히 보지 못한다. 대부분의 경우 너무 필사적으로 원하면 원하는 바를 얻지 못한다. 어찌 됐든 그 최상의 것을 얻지는 못한다. "자! 우리 흉금을 터놓고 이야기해 봅시다"라고 하면 모든 사람들은 조용해져 버린다. '오늘 밤에는 **반드시** 잠을 푹 자야 돼'라고 생각하면 몇 시간이고 깨어 있기 십상이다. 정말로 타는 목마름에는 맛있는 음료도 무용지물이다. 바로 그처럼 타는 듯한 갈망으로 인해 철의 장막이 드리워지게 되고 죽은 이를 생각하면 허공을 들여다보는 듯이 느껴지는 것인가? 구하여도 '너무 절박하게 구하는 자는' 얻지 못하리라. 얻을 수가 없으리라.

하나님과의 관계도 마찬가지인지 모른다. 점차적으로 나는 문이 더 이상 빗장 걸려 닫혀 있다고 느끼지 않게 되었다. 문이 내 면전에서 쾅 하고 닫혀 버린 것은 정작 나 자신의 광적인 요구 때문이었던가? 영혼 속에 도와 달라는 외침 말고 아무것도 없을 때에는 하나님도 도와주실 수 없는 때인지도 모른다. 마치 물에 빠진 사람처럼 닥치는 대로 붙잡고 거머쥐니 도와줄 수가 없는 것이다. 아마도 반복된 외침 때문에 우리 귀가 어두워져 정작 듣고 싶어하는 목소리를 듣지 못하는 것인지도 모른다.

한편 "문을 두드리라. 그러면 너희에게 열릴 것이니"[11]라는

11) 마태복음 7장 7절.

말씀을 생각해 보자. 두드린다는 것이 미친 사람처럼 주먹으로 치고 발로 차는 것을 의미하는가? 또한 "있는 자는 받을 것이요"[12]라는 말씀도 있다. 결국, 받을 능력이 있어야 하는 것이다. 그렇지 않으면 전능하신 분조차 주실 수 없다. 아마도 우리의 격정이 받아들일 수 있는 능력을 일시적으로 파괴하는 모양이다.

왜냐하면 그분과 교제할 때면 우리는 온갖 실수를 다 범할 수 있기 때문이다. 우리가 결혼하기 오래 전에 H는 하나님이 (이른 바) '등 뒤에서' 부르시는 듯한 막연한 느낌에 아침 내내 일을 설친 적이 있었다. 물론 그녀는 완벽한 성자가 아니었으니, 언제나 그렇듯 회개하지 않은 죄나 태만의 문제 때문일 거라고 스스로 생각했다. 마침내 그녀는 굴복을 하고(나는 사람들이 어떻게 버티는지 안다) 하나님을 맞아 들였다. 그러나 하나님이 주신 말씀은 '나는 네게 **주고자** 하노라'였으며, H는 곧장 기쁨 속으로 접어들었다.

왜 슬픔이 마치 어중간한 미결 상태처럼 느껴지는지 알 것 같다. 그것은 습관으로 굳어진 수많은 충동이 좌절되기 때문이다. 나의 수많은 생각과 느낌, 수많은 행동들은 H를 향한 것이었다. 이제 그 목표물이 사라졌다. 나는 습관적으로 활에

12) 마가복음 4장 25절.

다 화살을 메기지만, 다음 순간 목표물이 사라졌음을 깨닫고 활을 내려놓아야 한다. 너무나 많은 길들이 H에 대한 생각으로 이어지게 되어 있어 나는 그 중 하나를 택한다. 그러나 이제는 건널 수 없는 경계 표지판이 길을 가로막고 버티고 있다. 한때는 그렇게 많은 길이 있었는데, 이제는 그만큼 많은 막다른 길로 변해 버렸다.

좋은 아내는 한꺼번에 여러 사람 역할을 한다. H가 내게 어떤 사람인들 되지 못했으랴? 그녀는 나의 딸이고 나의 어머니였으며, 나의 학생이자 선생, 나의 신하이자 군주였다. 그리고 언제나 이러한 모든 것들이 녹아 있는 내 믿음직한 동지요 벗이며 한 배를 탄 선원이자 전우였다. 나의 애인이자, (내게는 좋은 동성 친구들이 많음에도 불구하고) 동성同性의 친구들이 내게 베풀 수 있는 그 모든 것을 베풀어 주는 사람이었다. 더 이상을 해 주었는지도 모른다. 우리가 사랑에 빠지지 않았다 해도 우리는 항상 함께였을 것이며 그리하여 스캔들을 일으켰을 것이다. 바로 이런 뜻에서, 나는 한때 그녀의 '남성적인 미덕'을 찬미한 적이 있다. 그때 그녀는 곧 제동을 걸어 "당신을 당신의 '여성적인 미덕'으로 찬미한다면 어떤 기분이겠냐"고 했었지.

그건 재치 있는 대꾸였소, 여보. 그렇지만 당신에게는 펜테

실레이아나 카밀라[13] 같은 부분이 있었다오. 그리고 나만큼이나 당신도 자신에게 그런 점이 있다는 사실을 좋아하지 않았나 말이오. 내가 그런 점을 알아보았으므로 당신은 기뻐했었지 않소.

솔로몬은 자기 신부를 '누이'라 부르지 않았던가. 어느 한 순간 어떤 분위기에서 남자가 여자를 '형제'라 부르고 싶은 느낌이 들지 않는다면, 그 부인이 완전한 배우자라고 할 수 있을까?

우리 결혼에 대해 나는 '너무 완벽해서 지속되지 못했다'라고 말하고 싶은 유혹을 받는다. 이것은 두 가지 의미로 해석될 수 있다. 우선, 음울할 정도로 비관적일 수도 있다. 마치 하나님이 당신의 창조물 둘이 서로 행복한 모습을 보자마자 그를 제지하셨다거나('그런 짓은 여기선 안 돼!'), 아니면 그분이 칵테일 파티의 여주인인 양 초대된 사람 중 둘이 진정한 대화로 빠져 드는 신호를 보이자마자 그들을 갈라놓았다는 의미일 수 있다. 그러나 또한 이는 '그 나름의 완벽함에 다다랐다. 이루어야 할 만큼 이루었다. 그러므로 더 이상 길게 늘일 필요가 없다'라는 뜻일 수도 있다. 마치 하나님께서 "됐다. 그 과정을

13) 펜테실레이아Penthesileia는 아마존의 여왕으로 트로이 전쟁 막바지에 트로이 군과 연합하여 그리스에 대항하였으며, 카밀라Camilla는 베르길리우스의 서사시 《아이네이스》에 등장하는 여성전사.

터득하였다. 내 보기에 미쁘다. 이제 다음 연습으로 갈 준비가 되었구나"라고 말씀하시는 것과 같다. 2차 방정식을 배워서 즐겨 할 수 있게 되면 더 이상 거기 매달려 있을 필요가 없다. 선생님은 다음 단계로 옮겨 가신다.

이는 우리가 무언가를 배웠고 성취했기 때문이다. 온전한 결혼을 통해 연합하기 전까지는, 숨기든 드러나든 남성과 여성 사이에는 칼이 숨어 있다. 여인에게서 나타나는 솔직함, 공정함, 기사도를 보고 우리네 남자들이 '남성적'이라고 부르는 것은 방자한 일이다. 남성에게 있는 섬세함이나 꼼꼼함, 부드러움을 보고 여인들이 '여성적'이라고 부르는 것 또한 방자한 일이다. 그러나 한낱 남자 여자가 그런 방자한 표현을 그럴듯하게 할 수 있으니 대부분의 남자 여자는 얼마나 딱하고 뒤틀린 인간성의 조각일 뿐인가.

결혼은 이를 치유한다. 남자와 여자는 연합함으로써 완전한 인간이 되는 것이다. "하나님이 자기 형상 곧 하나님의 형상대로 **사람**을 창조하시되 **남자**와 **여자**를 창조하시고."[14]

역설적이게도, 구별된 남녀가 벌이는 이같은 육체의 향연이 우리를 타고난 성별 그 너머로 이끌어 가는 것이다.

그러다 둘 중 하나가 죽는다. 우리는 이를 사랑의 단절로 생

---

14) 창세기 1장 27절.

각한다. 한참 추고 있던 춤을 중간에 멈추는 것처럼, 혹은 꽃이 불운하게도 뚝 꺾이는 것처럼, 무언가 단절되어 버려서 그 온전한 모습을 결하게 된다고 생각한다. 정말 그럴까. 내가 의심해 마지않는 것처럼 죽은 자도 이별의 고통을 겪는다면(이것이 아마도 연옥에서 겪는 고난 중 하나일 텐데), 한 쌍의 연인, 아니 이 세상 모든 연인들에게 예외 없이 사별死別이란 사랑의 경험상 보편적이고 필수적인 부분이다.

여름이 지나면 가을이 오고 연애 다음에 결혼이 오듯이, 결혼 다음에는 자연스럽게 죽음이 온다. 그것은 과정의 단절이 아니라 그 여러 단계들 중의 하나이다. 춤이 중단된 게 아니라, 그 다음 표현 양식으로 옮겨 간 것이다. 사랑하는 사람이 살아 있는 동안에는 연인 덕분에 '우리 자신으로부터 벗어난다.' 그 다음에는 춤의 비극적인 양식에 따라 우리는 여전히 자신으로부터 벗어나는 법을 배우게 된다. 비록 그 육신의 존재는 사라지고 없어도 연인 그 자체를 사랑하는 법을 배우며, 우리의 과거와 추억, 슬픔 혹은 슬픔으로부터의 위안, 자신의 사랑 따위를 사랑하느라 안주하지 않는 법을 배우는 것이다.

되돌아보면 바로 얼마 전까지만 해도 나는 H에 대한 추억에 크게 마음 쓰고 있었고, 그것이 거짓되이 변할지 모른다는 점에만 신경을 곤두세우고 있었다. 어떤 이유에서인지(하나님의 자비로우며 선하심 외에는 달리 생각할 방도가 없다) 나는 더 이상 그런 것에 신경 쓰지 않게 되었다. 놀라운 일은 그런 데에 신경 쓰지 않게 되자, 사방팔방에서 그녀를 만나게 되는 것 같다는 사실이다. **만나다**라는 단어는 너무나 강한 말이다. 유령이나 어떤 목소리를 뜻하는 건 결코 아니다. 어느 순간의 절절한 감정적 경험을 의미하는 게 결코 아니다. 오히려 예전의 그녀가 그랬듯, '고려해야 할 하나의 사실'이라는 범할 수 없는 물질적 감각으로 다가온다는 의미이다.

'고려해야 할'이라는 표현은 적절치 않은지도 모르겠다. 그건 마치 H가 도끼자루라도 되는 양 들린다. 어떻게 더 잘 표현할 수 있을까? '순간적으로 현실인 양 느껴지는' 혹은 '고집스러울 정도로 현실적인'이라는 표현이면 될까? 마치 그런 경험이 내게 이렇게 말하는 것 같다.

"H가 아직도 사실로 존재한다는 데 대해 지금은 네가 굉장히 기쁠 게다. 그렇지만 생각해 보라. H는 네가 좋아하든 그렇지 않든 언제나 사실로 남아 있을 것이다. 네가 어느 쪽을 선호한다고 해도 마찬가지일 게다."

내가 어디까지 이야기했더라? 마치 내가 자기 삽에 의지한 채 멈춰 서서 우리 질문에 답하는 어느 다른 홀아비가 된 양

하는 데까지 이야기했었지.

"고마우이. 투덜거리지 말아야지. 마누라가 무진장 그립기야 하지. 하나 이런 것들은 우리를 시험해 보시는 거라고들 하더만."

우리는 같은 결론에 도달했다. 그 홀아비는 자기 삽에 의지하여, 그리고 나는 그이만큼 삽을 쓰는 데 능숙하지 못하므로 나 자신의 도구인 생각에 의지하여. 물론 "우리를 시험해 보시는 거"에 대해 올바로 받아들여야 한다. 하나님은 우리 믿음이나 사랑의 자질을 알아보시려고 시험을 하시는 게 아니다. 그분은 이미 알고 계시니까. 모르는 쪽은 오히려 나였다. 이 시험에서 하나님은 우리가 피고석과 증인석, 그리고 재판석에 모두 한꺼번에 앉아 볼 수 있도록 만드신다. 그분은 언제나 내 성채가 카드로 만든 집이라는 사실을 알고 계셨다. 내가 그 사실을 깨닫도록 하는 유일한 방법은, 그것을 쳐서 무너뜨리는 것뿐이었다.

상처로부터 그렇게 빨리 회복하고 있느냐고? 그러나 그 질문은 애매하다. 맹장을 떼어 내는 수술을 한 후 회복하고 있느냐는 질문과, 다리를 절단한 후 회복하고 있느냐는 질문은 사뭇 다른 의미이다. 수술이 끝나면 다친 곳이 아물든지 환자가 죽든지 둘 중 하나다. 만약 아문다고 하면 격렬하고 지속적인 고통도 잠잠해질 것이다. 그는 곧 원기를 회복할 것이며 의족을 하고 쿵쿵거리며 다닐 수 있게 될 것이다. 그는 '회복하였으니까.' 그러나 잘린 부위를 통해 평생토록 쿡쿡 쑤시는 고통을 느낄 것이며 상당히 아플 수도 있다. 그리고 그는 언제까지나 외다리 사나이로 남아 있게 될 것이다. 그가 그 사실을 잊는 순간은 거의 없다. 목욕할 때나 옷 입을 때, 앉아 있을 때나 다시 일어설 때에도, 심지어는 잠자리에 누웠을 때에도 모든 것이 다를 것이다. 그의 모든 생활방식이 바뀔 것이다. 한때 당연한 듯 받아들였던 쾌락이나 활동은 모두 완전히 지워져야 한다. 마찬가지로 의무도 지워진다.

현재 나는 목발 짚는 법을 배우고 있다. 아마도 곧 의족을 하게 될 것이다. 그러나 결코 두 다리로 서게 될 수는 없다.

그럼에도 불구하고 어떤 의미에서 '지금은 더 나아졌다'고 느끼는 것은 여전히 부인할 수 없는 사실이며, 동시에 부끄러운 느낌도 들고, 왠지 불행을 계속 간직하고 조장하며 연장해야만 할 것 같은 의무감에 사로잡히기도 한다. 이에 관해 책에서는 읽었으나 내가 몸소 이렇게 느끼게 되리라고는 꿈에도 생각지 못했다. H라면 틀림없이 못마땅해했을 것이다. 그녀라면 나더러 바보 같은 짓 말라고 했을 것이다. 그리고 확신하건대 하나님께서는 그렇게 하라고 하시지 않았을 것이다. 이 뒤에 숨은 의미는 무엇일까?

틀림없이 허영심이 한 부분을 차지하고 있을 게다. 우리는 스스로 대단한 연인이거나 비극적인 영웅들임을 증명하고 싶어한다. 단순히 수많은 사별한 이들 중의 평범한 한 사람이거나, 터벅터벅 걸어 다니면서 나쁜 일들을 뒤치다꺼리해야 하는 일개 군졸은 아니라고 생각하고 싶은 것이다. 그러나 이것이 전부 다 설명해 주지는 못한다.

거기엔 혼란된 생각도 한몫을 하리라 생각한다. 우리는 처음에 겪었던 그 고통과 고뇌에 머물면서 슬픔을 연장하려 하지는 않는다. 아무도 그럴 수는 없을 것이다. 그러나 우리는 주된 증상이 슬픔인 다른 무엇을 바라고 있으며, 그리하여 증상과 원래 사건을 혼동한다.

며칠 전 어느 날 밤, 사별이란 결혼한 두 사람 사이의 사랑의 단절이 아니요, 정상적인 단계 중 하나라고(마치 신혼여행이 그 단계 중 하나이듯) 쓴 적이 있다. 우리는 그 단계까지 결혼생활을 충실하게 잘 살아 내었으면 하고 바란다. 만약 그것이 고통스럽다면(틀림없이 고통스러울 것이다) 우리는 그 고통을 이 단계에서 꼭 필요한 부분으로 받아들인다. 우리는 상대를 저버린다거나 이혼이라는 이름으로 고통을 회피하기를 원치 않는다. 그건 죽은 자를 두 번 죽이는 일이기에.

우리는 한 몸이었다. 이제 둘로 갈라진 이상, 그것이 완전하고 온전한 체하고 싶지 않다. 우리는 여전히 결혼한 상태일 것이며 여전히 사랑하고 있으리라. 그러므로 우리는 여전히 아파하리라. 그러나 우리가 (우리 자신을 올바로 이해한다면) 결코 아픔 자체를 위해 아픔을 추구하고 있는 것은 아니다. 결혼이 유지되는 한, 아픔이야 적을수록 좋다. 결혼으로 맺어진 죽은 자와 산 자 사이에도 기쁨이 많을수록 더 좋은 것이다.

모든 면에서 더 좋다. 내가 알게 된 바지만 격정적인 슬픔은 우리를 죽은 자와 연결하는 것이 아니라 그들로부터 떼어 놓는다. 이는 점점 더 분명해진다. 내가 슬픔을 가장 덜 느끼는 때(주로 아침 목욕을 할 때 그렇다) H는 가장 생생하게, 그녀만의 남다른 됨됨이로 내 마음에 치달아 온다. 비탄으로 인해 찌부러지고 처량하며 엄숙해지는 최악의 순간을 통해서가 아니라, H 자신만의 권리로 존재하게 되는 것이다. 바람직하며 뿌듯한 일이다.

정확히는 모르겠으나, 어느 민담에 산 자의 애도哀悼가 죽은 이들을 망치고 있다고 말하는 대목이 있었던 것 같다. 죽은 이들은 우리더러 제발 좀 그만두라고 말한다. 이에는 내가 생각하는 것보다 훨씬 더 깊은 뜻이 있을지도 모른다. 만약 그렇다면 우리 할아버지 세대는 훨씬 더 미망에 젖어 있었다. 그 모든 슬픔의 의식(어떤 때는 평생 가는 의식이었다), 곧 무덤을 찾아가고 기일忌日을 지키며 '떠난 사람'이 쓰던 그대로 빈 침실을 정확하게 정돈하고 죽은 사람을 전혀 특별하지 않은 투로 이야기하며(아니면 언제나 특별한 투로 이야기하며) 혹은 (빅토리아 여왕이 그랬던 것처럼) 죽은 사람의 옷을 매일 저녁식사에 맞추어 내놓는 등 이 모든 애도 의식儀式은 마치 미라 만들기와 다를 바 없는 것이었다. 그것은 죽은 자를 더욱더 죽은 자로 만들었다.

아니면 죽은 자를 더 죽은 자로 만드는 것이 (무의식적인) 목적이었나? 아주 원시적인 무언가가 작동하고 있었는지도 모른다. 어떻게 해서든 죽은 자를 완전히 죽어 있게 하고 그들이 산 자들 사이로 슬그머니 기어들지 못하게 하는 것, 바로 이것이 원시적 정신의 주된 관심사였는지도 모른다. 어떤 값을 치르더라도 죽은 자를 '거기 머물러 있게' 하기. 분명 이러한 의식은 사실상 그들의 죽음을 강조한다. 아마도 이런 결과가 (제식주의자들의 생각처럼) 그닥 불만스럽지만은 않았을 것이다.

이들을 판단하는 것은 내 일이 아니다. 모두 추측일 뿐. 내 앞가림이나 잘할 일이다. 어쨌든 내게는 앞으로의 계획이 명백하다. 나는 가능한 자주 기쁜 마음으로 그녀에게 다가갈 것이다. 나는 그녀를 웃음으로 맞이하기조차 할 것이다. 내가 그녀를 덜 애도할수록 그녀에게 더 가까이 다가가는 것처럼 느껴진다.

멋진 계획이다. 불행히도 그렇게 행할 수가 없어서 탈이지만. 오늘밤에는 철부지 슬픔이 지옥처럼 다시 입을 벌린다. 실성한 말들, 비탄에 젖은 후회, 위장의 울렁거림, 악몽 같은 비현실. 눈물이 앞을 가린다. 슬픔 속에서는 어떤 것도 '거기 머물러 있지' 않는다. 사람은 어떤 단계를 계속 벗어나지만, 그 단계는 언제나 되풀이된다. 빙빙 돌아 원이로구나. 모든 것이 되풀이된다. 나는 그저 뱅뱅 돌고 있는 것인가, 아니면 나선형의 계단 위에 있다고 감히 희망할 수 있는 것인가?

나선형 계단이라면 오르고 있는 것인가, 내려가고 있는 것인가?

얼마나 자주, 언제까지나 계속 그럴 것인가? 얼마나 자주 그 광대한 공허감이 나를 새삼스레 덮쳐 오며 이렇게 말하게 할 것인가? "지금까지도 나는 내가 잃어버린 것이 무엇인지 깨닫지 못했다."

같은 다리가 계속하여 잘리고 또 잘린다. 살 속을 쑤시고 들어오던 칼의 느낌이 느껴지고 또 느껴진다.

사람들은 말한다.

"겁쟁이는 여러 번 죽는다."

사랑하는 사람도 여러 번 죽는다. 프로메테우스의 간을 파
먹는 독수리도 끼니 때마다 생생한 간을 쪼아 먹지 않았던가?

4

"저는 하나님과 더불어 평화롭습니다."
그녀는 미소 지었으나 그 미소는
나를 향한 것이 아니었다.
그리고 그녀는 영원의 샘으로 돌아갔다.

이것이 내가 집에서 찾아볼 수 있는 네 번째이자 마지막 빈 공책이다. 거의 빈 공책이다. 제일 마지막 몇 페이지에는 옛날 J가 산수 공부한 흔적이 남아 있다.

여기까지만 끄적거리기로 결심한다. 이런 목적으로 공책을 새로 사지는 **않을** 것이다. 이 기록은 나를 완전히 무너지지 않게 하며 감정을 배출하는 출구로서, 어느 정도 좋은 역할을 하였다. 그러나 내가 생각한 또 다른 목적이 있었는데, 이제 와 보니 잘못 생각하고 있었음을 알겠다.

나는 내가 어떤 **상태**를 묘사할 수 있으리라고 생각했다. 슬픔의 지도를 그릴 수 있을 것이라 생각했다. 그러나 슬픔은 '상태'가 아니라 '과정'이었다. 그것은 지도가 아닌 역사서를 필요로 하는 것이어서, 임의로 어느 지점에서 그 역사 쓰기를 멈추지 않는다면 영원히 멈출 이유를 찾지 못할 것 같다.

날마다 기록해야 할 새로운 것이 있다. 슬픔은 마치 긴 골짜기와도 같아서, 어디로 굽어들든 완전히 새로운 경치를 보여주는 굽이치는 계곡이다. 이미 쓴 바 있지만, 모든 굽이마다 그런 것은 아니다. 어떤 때는 정반대의 의미로 놀라게 된다. 오래 전 두고 떠났다고 생각했던 장소와 정확하게 똑같은 곳을 만나게 되는 것이다. 그럴 때 이 계곡이 혹시 원형으로 도는 참호가 아닌지 의아한 생각이 든다. 그러나 아니다. 부분적으로 반복되기는 하지만, 그 결과는 같지 않다.

예를 들어 새로운 단계, 새로운 상실에 대해 말할 수 있겠다. 나는 할 수 있는 한 걷는다. 피곤하지 않은 채 잠자리에 드는 것은 어리석은 일이다.

오늘 나는 옛날 자주 가던 곳을 다시 가 보았다. 긴 산책은 독신 시절 내게 큰 기쁨을 주었다. 이번에는 자연의 모습에서 아름다움을 찾을 수 있었으며 세상이 마치 (며칠 전에 내가 불평한 것처럼) 누추한 거리 같아 보이지는 않았다. 그 반대로 지평선이나 그루터기 모두가 H를 만나기 전의 행복, 과거의 행복으로 나를 데려가는 것이었다. 그러한 초청은 내게 사뭇 끔찍했다. 나를 부르고 있는 과거의 행복은 무미건조한 듯 보였다. 나는 옛날로 되돌아가 **옛날 방식으로** 행복해지고 싶지는 않았다. 간단히 되돌아갈 수 있으리라는 생각 자체가 나를 경악하게 했다.

돌이켜 보면 매력적인 한 시절의 이야깃거리인 양(마치 축제가 그렇듯이) 내가 사랑하며 결혼생활을 누렸던 그 몇 년간의 상태가 끝없이 계속되는 내 삶을 잠시 자르고 들어왔다가 다시 예전의 일상으로 되돌아간다는 것, 이러한 운명이야말로 내겐 가장 최악의 경우로 보였다. 그러자 내 일상적 삶에 그토록 이질적인 일이 일어났다니, 그건 다른 사람에게 일어난 일 아니었나 하는 생각이 들 정도로 비현실적으로 느껴졌다. 그렇게 하여 H는 내게 두 번 죽는 셈이 될 터이다. 이건 처음보다 더한 사별이다. 절대로 그럴 수는 없다.

사랑하는 이여, 당신이 떠나면서 얼마나 많은 것을 함께 가져가 버렸는지 알기나 하오? 당신은 내게서 나의 과거조차 앗아가 버렸소. 우리가 함께하지 않았던 과거마저도.

잘려진 부분이 과거와 단절된 고통으로부터 회복되고 있다고 말하다니 틀린 소리였다. 그 고통은 너무나 여러 방면으로 나를 괴롭히면서 하나씩 하나씩 차례로 드러나는 탓에 내가 속은 것이었다.

그러나 두 가지 커다란 소득은 있다. 나는 이제 노회하여서,

그 고통들이 '지속되리라'고는 믿지 않는다. 하나님을 바라볼 때, 내 마음은 더 이상 닫힌 문에 부딪치지 않는다. H를 바라볼 때, 이제 더 이상 공허한 진공을 만나게 되지 않는다. 마음속에 그려낸 H의 이미지로 헛되이 안절부절하지도 않는다. 내가 끄적거린 것들은 그러한 과정 한 자락을 보여 주고 있으나, 기대한 만큼 많이 보여 주지는 못한다. 어쩌면 하나님과 H를 향한 내 변모가 그다지 눈에 띌 정도가 아니라서 그런지도 모르겠다. 급작스럽고 두드러지며 감정적인 변화 따위는 없었다. 마치 방이 더워지거나 아침이 밝아 오는 것과 같다. 처음 그 기운을 알아차릴 때면 이미 한참 지난 후인 것이다.

이 기록들은 나와 H와 하나님에 관한 것이다. 그 순서대로 가고 있다. 절대로 그래서는 안 되는 순서와 비율로. 또한 이제 보니 어디서도 찬양이라 할 만한 사고양식으로 빠져 든 적도 없었다. 그러나 나로서는 최선이었을 터. 찬양이란 언제나 그 안에 기쁨을 담고 있는 사랑의 양식이다. 올바른 순서로 찬양해야 한다. 주신 분으로서 하나님을, 그리고 내게 주어진 선물로서 그녀를. 우리가 아무리 찬양의 대상에게서 떨어져 있다 하더라도, 찬양함으로써 우리는 그 대상을 향유하게 되지 않던가?

좀더 이쪽으로 가야겠다. 나는 한때 H에 대해 누렸던 충만함을 잃어버렸다. 게다가 내가 나답지 않은 이곳 계곡에서, 하나님의 자비로 한때 그분에 대해 누렸던 충만함으로부터도 멀리 떨어져 있다. 그러나 찬양을 통해 여전히 어느 정도는 그녀를 향유할 수 있을 것이며, 이미 어느 정도는 그분을 향유할 수 있게 되었다. 아무것도 못 하는 것보다는 낫다.

그러나 내게 그러한 재능이 결핍되어 있는지도 모른다. 나는 H를 마치 칼 같다고 묘사한 적이 있다. 이는 나름대로 참말이다. 그러나 그 자체로는 더할 나위 없이 부적절하며 잘못 받아들여지기 쉽다. 균형을 맞추어 말했어야 했다. 즉 "그러나 또한 정원과도 같다. 들어가 보면 볼수록 깃들일 수 있는 정원과도 같아서 첩첩 둘러싼 벽 속에 해자垓子가 겹쳐 있으며, 더욱 은밀하고 더욱 향기로우며 더욱 풍족한 삶으로 가득한 곳"이라고 말했어야 했다.

그러고 나서 그녀에 대해, 또 내가 찬미하는 모든 피조물들에 대해서도 이렇게 말해야 하리라.

"어떤 면에서는 그들 고유의 방식으로 그들의 창조주를 닮았다."

그리하여 정원에서 정원을 가꾸시는 분으로, 칼에서 칼을 만드신 대장장이로 올라가는 것이다. 생명을 주시는 생명의 근원으로, 아름답게 만드시는 아름다움의 근원으로 올라가는 것이다.

"그녀는 하나님 품 안에 있다."

그녀를 칼이라 생각할 때 이 말은 새로운 에너지를 얻는다. 어쩌면 내가 그녀와 함께한 지상의 삶이란 칼을 벼리는 과정의 일부일 따름이었는지도 모르겠다. 이제 그분이 칼자루를 잡으신다. 새로운 무기를 가늠해 보신다. 허공 중에 번쩍 휘둘러 보신다. '제대로 된 예루살렘의 칼날이로다.'

어젯밤 겪은 한순간은 비유를 통해 설명될 수 있을 것이다. 그렇지 않고서야 언어로는 정녕 설명될 수 없는 일이니.

칠흑 같은 암흑 속에 어떤 사람이 있다 하자. 그는 자신이 토굴이나 지하감옥에 있다고 생각한다. 그러다가 소리가 들려온다. 멀리서 들려오는 소리일 것이라 그는 생각한다. 마치 파도소리나 바람에 부대끼는 나무들, 아니면 한참 떨어진 데서 들리는 소 울음소리처럼. 그렇다면 이는 그가 토굴이 아닌 탁 트인 공간 속에 자유롭게 놓였음을 의미한다. 아니면 가까이서 나는 아주 작은 소리일 수도 있다. 키득거리는 웃음소리처럼. 그렇다면 이는 어둠 속 바로 그의 옆에 친구가 있다는 뜻이다. 어느 쪽이든 좋은 소리이다.

이런 경험을 가지고 마치 무엇을 증명해 내려 할 정도로 단지 내가 실성한 것은 아니다. 이는 단지 내가 언제나 이론적으로 인정해 왔던 생각이 상상적인 활동 영역으로 비약한 것을 의미한다. 나를 포함하여 어느 시대 어느 인간이든 자신이 처한 상황을 완전히 오해하고 있을 수 있다는 생각 말이다.

오감五感. 구제불능일 만큼 추상적인 지성. 위험하리만치 선별적인 기억. 선입견과 가정假定은 너무 많아서 몇 가지밖에 꼽을 수 없다. 어느 쪽이 선입견이고 가정인지 제대로 인식하지도 못한다. 그러한 장치들이 어느 정도나 제대로 된 실체를 통과시킬 수 있겠는가?

할 수만 있다면 나는 솜사탕 같은 나무도, 가시투성이 나무도 기어오르고 싶지 않다. 아주 다른 두 가지 확신이 점점 더 내 마음을 짓누른다. 하나는 하늘에 계신 의사께서 우리 상상력이 미칠 수 있는 한계보다 훨씬 더 무자비하시고, 그 수술은 훨씬 더 고통스러운 것이라는 생각. 그러나 또 다른 하나는 '잘 되리라, 다 잘 되리라, 모든 것이 다 형통하리라' 하는 생각.

H에 관한 사진이 모두 엉망이라는 점은 문제 되지 않는다. 그녀에 대한 내 기억이 불완전하다는 점도 그다지 문제 되지 않는다. 종이 위에서건 마음속에서건 이미지란 그 자체로는

중요한 것이 아니다. 단순한 연결고리일 뿐.

휠씬 더 고차원적인 데서 비유를 끌고 와 보자. 내일 아침이면 신부님은 작고 둥글며 얇고 차가우며 아무 맛도 느껴지지 않는 성찬 빵을 주실 것이다. 그것이 나를 합일合一케 하는 것과 어떠한 **유사성**도 가질 수 없음은 어떤 면에서 불행이요 어떤 면에서는 행이 아니냐?

그리스도를 원합니다, 그분과 유사한 그 무엇이 아닌.

H를 원합니다, 그녀와 유사한 그 무엇이 아닌.

정말 잘 나온 사진은 결국에는 덫이 되고 공포가 되며 장애가 되고 말 것이다.

이미지란 나름의 쓰임새가 있을 것이다. 그렇지 않고서야 이처럼 인기 있을 리 없다(그 이미지가 마음 바깥의 그림이건 조각상이건, 혹은 마음속의 상상적인 축조물이건 별 차이가 없다). 그러나 그 위험성은 아주 명백해 보인다.

거룩한 분의 이미지는 쉽게 거룩한 이미지가 되어 버리며 신성불가침이 된다. 하나님에 대한 내 생각은 신성한 것이 아니다. 그것은 매시간 깨어져야 하는 것이다. 그분이 스스로 깨 버리신다. 그분은 위대한 우상 파괴자이시다. 이 깨뜨림이야말로 그분이 현존하신다는 한 가지 표징이라고 말할 수도 있지 않을까? '성육신Incarnation'이야말로 그 최상의 사례이다. 그것은 구세주에 대한 이전의 모든 개념을 박살내어 폐허로 만들어 버린다. 그리고 대부분의 사람들이 그러한 우상 파괴로 인하여 '마음에 상처 입는다.' 상처 입지 않은 자들은 복이 있나니. 똑같은 현상이 우리의 내밀한 기도 가운데서도 일어난다.

모든 실체는 우상 파괴적이다. 지상의 삶에서조차도 세속의 연인은 그녀에 대한 우리의 단순한 개념을 끊임없이 깨뜨리고 승리한다. 그리고 우리는 그녀가 그렇게 하기를 바란다. 그녀가 힘을 다해 항거하기를, 모든 결점과 모든 예기치 못한 면모를 보여 줌으로써 선입견을 깨뜨리기를 원한다. 즉 '그녀'라는 확고하고 독립적인 실체를 통해. 그리하여 단지 이미지나 기억이 아닌 이 실체야말로 그녀가 죽고 난 후에도 우리가 더욱더 사랑해야 할 대상이다.

그러나 이 '실체'는 이제 상상할 수 없다. 그런 점에서 H나 모든 죽은 자들은 하나님과 비슷해진다. 그런 점에서 그녀를 사랑하는 것은 그 나름으로 하나님을 사랑하는 것과 비슷해져 버렸다. 두 경우 모두 내 생각과 열정과 상상이라는 변화무쌍한 허깨비들을 뚫고 지나 사랑의 팔과 손을 뻗어(여기서 눈은 쓸모가 없다) 실체를 더듬어 보아야 한다. 그 허깨비들 자체에 만족하여 앉아 있으면 안 되며, 그것들을 하나님 대신 숭배해서도 안 되고 그녀 대신 사랑해서도 안 될 일이다.

하나님에 대한 내 생각이 아닌 하나님 자체를. H에 대한 내 생각이 아닌 H 자체를. 그렇다, 우리 이웃에 대한 생각이 아니라 우리 이웃 자체를 사랑해야 한다는 말이다. 우리는 같은 방에 있는 산 자들을 향해 종종 이러한 실수를 저지르곤 하지 않는가? 그 사람 자체에게 말 걸고 행동하는 것이 아니라 우리가 마음속에 만든 대략의 그림에다 대고 하는 것이 아닌가? 그리하여 우리가 미처 그 사실을 깨닫기도 전에 그는 멀찌감치 떨어져 버리고 마는 것이다.

우리가 가까이서 지켜본다면, 현실생활에서 어떤 사람의 말과 행동은 소설과 달리 소위 '특징'이라고 일컫는 것과는 맞지 않는다. 우리가 모르는 카드가 언제나 그의 손 안에 쥐어져 있는 것이다.

이러한 생각을 다른 사람에 빗대어 가정한 이유는 다른 사람들 또한 너무도 자주 나를 이런 식으로 생각하기 때문이다. 우리는 모두 남들을 완전히 파악하고 있다고 생각한다.

이러는 사이에도 나는 다시금 카드로 집짓기를 하고 있는 것인지도 모른다. 그렇다면 그분은 다시금 건물을 납작하게 부숴 버려야 할 것이다. 필요하다면 언제든지 부숴 버려야 할 것이다. 내가 완전히 구제불능이라 포기된 바가 아니라면, 그리하여 지옥에서 영원히 마분지로 성을 짓도록 "사망자 중에

던지운 바"[15) 되지 않았다면 말이다.

예를 들어, H에게로 통하는 길이 있다면 오직 하나님을 통해서만이 가능하다는 점을 알기 때문에 나는 하나님께로 슬금슬금 다가가는 것일 뿐인가? 물론 하나님이 길로 사용되어서는 안 된다는 점을 분명히 알고 있다. 만약 그분을 종착지가 아닌 길로 본다면, 목적이 아닌 수단으로 보고 다가간다면, 그분께 전혀 다가가지 않은 것이다. 그래서 '요단 강 건너에서' 만나는 재회 같은 세속적인 그림이 잘못된 것이다. 단순 소박하고 세속적인 이미지라서가 아니라, 진정한 종착지에 도달한 결과 부산물로 얻을 수 있는 것을 종착지 자체로 착각하고 있기 때문이다.

주여, 이것이 당신의 진짜 조건입니까? 제가 당신을 너무 사랑하여 그녀를 만나든 만나지 못하든 괘념치 않을 때에만 H를 만날 수 있는 것입니까? 주여, 그것이 우리에게 어떻게 비칠지 생각하여 주소서. 제가 어린아이들에게 "지금은 사탕을 못 먹는다. 하지만 너희들이 자라서 정말로 사탕을 원하지 않을 때쯤이면 실컷 먹어도 돼"라고 말한다면, 사람들이 어떻게 생각하겠습니까?

15) 시편 88편 5절.

H와 영원히 헤어져 나를 영원히 잊어버리는 것이 그녀의
존재에 더 큰 기쁨과 더 큰 광휘를 더해 주는 것이라면 물론
나는 '어서 그렇게 하라'고 말할 것이다. 만일 지상에서 그녀
를 결코 다시 보지 않음으로써 암을 고칠 수 있다 했다면, 다
시는 그녀를 만나지 않으려 애썼을 것이다. 그렇게 할 수밖에
없었을 것이다. 양식이 있는 사람이라면 누구나 그렇게 했을
것이다. 그러나 그건 다른 문제다. 지금 내가 처한 상황은 그
게 아니다.

하나님 앞에 이러한 질문을 던질 때 나는 아무 대답도 얻지
못한다. 그러나 다소 특별한 종류의 '묵묵부답'이다. 잠긴 문
이 아니다. 외려 조용하고 분명 동정적인 시선 같은 것. 마치
그분이 거절의 뜻으로 머리를 가로저으시는 게 아니라, 질문
을 유예하시는 것 같은. '아들아, 잠잠하거라. 너는 이해하지
못한다' 하시는 것 같은.

하나님께서 대답하실 수 없는 문제를 유한한 인간이 물어볼
수 있을까? 물론 그럴 수 있다고 나는 생각한다. 모든 허무맹
랑한 질문들은 대답할 수 없는 것들이다. 1마일 안에는 얼마
나 많은 시간이 들어 있나? 노랑색은 사각형인가, 둥근 모양
인가? 우리의 질문 태반은 (위대한 신학적·형이상학적 질문의 태
반은) 모두 이런 식이다.

생각해 보니 내 앞에는 실질적인 문제가 전혀 없다. 십계명 중 두 가지를 알고 있으니 잘 지켜야 하겠다.[16] 정녕 H의 죽음은 실질적인 문제들을 끝장내 버렸다. 그녀가 살아 있는 동안이라면 나는 실질적으로 그녀를 하나님보다 앞세울 수도 있었을 것이다. 무슨 말이냐 하면, 하나님이 원하시는 바 대신 그녀가 원하는 바를 먼저 행하였을 것이라는 말이다. 만약 둘 사이에 갈등이 있었다면 말이다. 이제 남은 것은 내가 어찌 행할 수 있는 종류의 문제가 아니다. 모두 감정이나 동기 따위의 무게에 관한 것이다. 그것은 나 스스로 부과하는 문제이다. 하나님께서 부과하셨다고는 믿지 않는다.

하나님에 대한 충만함. 죽은 자와의 재회. 그런 것들은 내 생각 속에서 가짜 돈이나 백지수표와 마찬가지다.

하나님을 모시며 느꼈던 충만함에 관한 내 생각은(그걸 생각이라 말할 수 있다면), 이곳 지상에서의 짧고 적은 경험으로 엄청나고도 위험한 추측을 감행하는 데에 지나지 않는다. 지상의 그 경험은 어쩌면 내가 생각하는 것처럼 그렇게 귀중한 경험이 아닐는지도 모른다. 어쩌면 내가 전혀 쳐주지도 않는 다른 경험들보다도 더 가치 없는 경험들일지도 모른다. 죽은 자와의 재회에 관한 내 생각 역시 추측이다.

16) 십계명 중 첫 번째와 두 번째 계명을 일컫는 것.

어느 쪽 백지수표가 현금이 되어 나타나든지 간에 실지로 그런 일이 일어난다면, 그건 그 양자에 대한 개념(그 상호관계에 대한 수많은 개념들)을 일거에 산산조각으로 날려 버릴 만한 것일 게다.

한편으로는 신비적인 합일. 다른 한편으로는 죽은 몸의 부활. 나는 이 둘을 잇는 이미지나 공식은커녕, 그런 느낌에조차 다다를 수가 없다. 그러나 실체는 그 둘을 묶는 것이다. 되풀이 말하거니와 실체는 우상 파괴자인 것이다. 천국이 우리의 문제를 풀어 줄 것이나, 명백히 모순되는 생각들을 은근히 화해시키는 방식으로 해결하지는 않으리라고 생각한다. 우리의 생각들은 모두 발 아래 무너져 버릴 것이다. 문제라고는 애초부터 전혀 없었음을 보게 될 것이다.

다시금 어둠 속에서 키득거리는 웃음소리라고 묘사할 수밖에 없는 인상. 부수고 무장해제시키는 단순함이야말로 진정한 해답이라는 느낌.

죽은 자들이 우리를 볼 수 있다고들 한다. 그것이 합당하든 하지 않든 간에 그들이 정말 우리를 볼 수 있다면, 이전보다 훨씬 더 명료하게 볼 것이라고 우리는 막연히 생각한다. 지금 H는 그녀와 내가 사랑이라고 일컬은 것에 거품이나 싸구려 장식이 얼마나 많이 붙어 있는지를 보는 걸까? 그러려무나. 가혹하게 바라보려무나, 그대여. 할 수만 있다면 나는 숨기지 않으련다. 우리는 서로를 이상화하지는 않았다. 우리는 비밀을 가지지 않으려 했다. H는 이미 내 결점과 약점을 대부분 알았다. 그보다 더한 것을 본다고 해도 나는 받아들일 수 있다. 당신도 그럴 것이다. 비난하나 이해하며, 조롱하지만 용서하려무나. 이것이 사랑의 기적이니, 사랑이란 매혹되면서도 올바로 꿰뚫어 보는 힘을 주며, 그러면서도 환멸을 느끼지 않게 한다(남녀 모두에게 그런 능력을 주지만 특히 여자에게 더 준다).

어떤 의미에서는 하나님처럼 꿰뚫어 보는 것이다. 하나님의 사랑과 앎은 서로 구별되는 별개의 것이 아니며 하나님 자신과도 구별되는 것이 아니다. 그분은 사랑하므로 보는 것이라 말할 수 있으며, 그러므로 보면서도 사랑하시는 것이다.

주여, 어떤 때는, 만약 당신께서 우리가 들판의 백합처럼 행하기를 원하셨다면[17] 그들과 같은 유기조직을 우리에게 주셨어야 한다고 말하고 싶은 유혹을 느낍니다. 그러나 그것이야말로 당신의 위대한 실험이겠지요. 아니, 실험이 아니지요. 왜냐하면 당신께서는 무언가를 발견하실 필요가 없으니까요. 오히려 당신의 위대한 기획이라고 해야겠지요. 유기체이면서 동

17) 마태복음 6장 28~34절.

시에 영혼이기도 한 창조물을 내어 놓는 것. '영혼을 가진 동물'이라는 그 엄청난 모순을 만들어 내는 것. 말초신경이 온몸을 감싸고 있으며, 채워지기를 원하는 위장을 가졌으며, 짝을 원하며 젖 먹여 새끼를 기르는 짐승, 불쌍한 만물의 영장을 택하시고 '자, 이제는 신이 되어라' 하고 말씀하시다니요.

앞서 나는 비록 H가 존재한다는 확신이 든다 하더라도 그것을 믿지 않겠다고 했다. 말하기는 쉬워도 행하기는 어렵다. 그러나 지금에 와서도 나는 그러한 종류의 확신을 증거로 삼지는 않을 것이다. 어젯밤의 경험은 너무나 별난 것이어서 (그것이 무엇을 증명한다는 뜻이 아니라 그 경험 자체가 별다르다는 말이다) 적어 둘 필요가 있다. 그것은 믿기지 않을 정도로, 감정적인 것과는 거리가 멀었다.

그녀의 **정신**이 내 정신을 잠시 동안 맞대면하고 있다는 인상이었다. '정신'이었지 우리가 흔히 생각하는 '영혼'에 대한 어떤 것이 아니었다. 소위 '영혼이 담긴'이라고 할 때와는 정반대의 것이었다. 연인간의 황홀한 재회와는 전혀 질이 달랐다. 일상의 약속을 위해 그녀에게서 전화나 전보를 받는 것과 아주 흡사한 일이었다. 거기 어떤 '메시지'가 있었다는 의미가 아니라, 그저 그녀가 거기 있다는 사실을 알며 그쪽으로 주의가 쏠리게 되는 것뿐이었다. 기쁨도 슬픔도 없었다. 일상적인 의미로 말하는 '사랑'조차도 없는 상태였다. 그렇다고 '사랑이 아니다'라고 할 수도 없는 상태였다. 나는 죽은 자를 그처럼, 뭐랄까, 그처럼 사무적이라고 상상해 본 적이 없었다. 그러면서도 지극히 즐거운 친밀함이 느껴졌다. 감각이나 감정을 매개로 하지 않은 친밀함.

이것이 무의식에서 분출된 것이었다면, 내 무의식이란 심층 심리학자들이 말하는 것보다 훨씬 더 흥미로운 영역임에 틀림없다. 우선 그것은 내 의식보다 훨씬 덜 원시적이었다.

그 경험이 어디서 왔든지 간에 그것은 내 마음을 봄철 대청소하듯 깨끗이 씻어 주었다. 죽은 자는 그처럼 순수한 지력 intellect으로 존재할 수 있었다. 고대 그리스 철학자들이라면 나와 같은 경험에 대해 놀라지 않을 것이다. 그들이라면, 죽은 뒤에도 무언가 남아 있다면 그런 종류의 모습이 될 거라고 예측했을 터이다.

지금까지 이것은 내게 굉장히 무미건조하고 소름끼치는 생각처럼 보였다. 감정의 부재라는 생각은 혐오스러웠다. 그러나 실상이었건 허상이었건 이러한 접촉을 직접 해 보니 무덤덤하지도 소름끼치지도 않았다. 감정이 필요 없었다. 이 친밀함은 감정적 요소 없이도 완전한, 팽팽하게 긴장되면서도 원기를 회복시켜 주는 것이었다. 이러한 친밀함이 사랑 그 자체일까?

이 세상에서 사랑은 언제나 감정을 동반한다. 그건 사랑 자체가 감정이거나 감정을 동반할 필요가 있어서가 아니라, 우리의 동물적인 영혼이, 우리의 신경계가, 우리의 상상이, 그런 방식으로 반응할 수밖에 없기에 그랬던 걸까? 만약 그렇다면 나는 얼마나 많은 선입견들을 쓰레기통에 던져 버려야 하는가!

순수한 지성과의 만남이나 친교는 차갑고 단조롭거나 매정하지 않을 것이다. 다른 한편으로 그것은 사람들이 **영적인, 신비한** 혹은 **성스러운**이라는 말을 사용하는 경우와도 꼭 같지는 않을 것이다. 만약 내가 잠시 그 실체를 들여다본 것이었다면, 글쎄, 그것을 묘사하는 수식어를 붙여야 한다는 사실 자체가 두렵기조차 하다. 활기 있는? 명랑한? 명징한? 기민한? 밀도 있는? 깨어 있는? 무엇보다도 그것은 견실한 것이었다. 온전히 신뢰할 만한 것이었다. 견고했다. 죽은 자에 대한 허무맹랑함 따위는 없었다.

'지력'이라고 말할 때 나는 '의지'까지 포함하여 말한다. '주의가 쏠리게 되는' 것은 의지가 움직이고 있기 때문이다. '움직이는 지성intelligence in action'이라 함은 '의지의 **최상의** 형태will par excellence'를 뜻한다. 내가 만난 것은 결의로 충만한 듯 보였다.

그녀의 임종이 다다랐을 무렵 나는 "당신이 할 수만 있다면, 그것이 허락된다면, 내가 죽을 때도 내 곁에 와 주오"라고 말했다. 그녀는 "'허락된다면'이라고요!"라고 말했다.

"천국에서 날 붙잡고 있으려면 애 좀 먹어야겠지요. 만약 지옥에서 날 붙잡는다면, 지옥을 박살 내 버리겠어요."

그녀는 자신이 일종의 신화적 어법에 심지어는 희극적인 요소까지 곁들여 표현하고 있음을 알고 있었다. 눈은 물기와 더불어 반짝거리고 있었다. 그러나 그 의지는 어떤 느낌보다도 더 깊어서 그녀를 뚫고 비쳐 나오고 있었으며, 어떤 신화적 요소도 어떤 농담기도 없었다.

순수한 지성이 어떠한 것일지 이제 조금 덜 오해하게 된 정도이므로, 더 이상 그 경험에 휩쓸리는 일은 경계해야 한다. 그것이 어떤 의미를 지니든 간에, '육신의 부활'이라는 문제에 대해서도 마찬가지다. 우리는 알 수 없다. 가장 덜 아는 것이 최선인지도 모른다.

하나님의 마지막 계시가 지성에서 나오는 행위일지 사랑에서 비롯된 행위일지에 대해 사람들이 논쟁한 적이 있지 않았던가? 그러나 이는 또 다른 허무맹랑한 질문일 뿐이다.

비록 우리가 능히 그럴 수 있다 하더라도 죽은 자를 다시 불러온다는 것은 얼마나 사악한 짓이 될 것인가!

H는 내가 아닌 신부님에게 이처럼 말했다.

"저는 하나님과 더불어 평화롭습니다."

그녀는 미소 지었으나 그 미소는 나를 향한 것이 아니었다. 그리고 그녀는 영원의 샘으로 돌아갔다Poi si tornò all' eterna fontana.[18]

---

18) Poi si tornò all' eterna fontana : 《신곡》에서 단테는 그리워하던 베아트리체를 만나 신 앞에까지 함께 갔으나 홀연히 베아트리체는 사라지고 그녀가 이미 영원의 자리, 즉 복자福者들의 반열에 올랐음을 통보받는다. 단테는 실망을 떨치고 베아트리체처럼 시선을 하나님께로 돌리기로 한다.

해설

《헤아려 본 슬픔》은 범상한 책이 아니다. 어떤 의미에서는 전혀 책이라고 할 수 없다. 그것은 차라리, 한 용감한 사나이가 사랑하는 사람을 잃어버린 고통과 슬픔을 감수해야 하는 현실의 삶을 어떻게 살아가야 하는지를 심층적으로 이해하기 위해 자신의 고뇌를 맞대면하고 점검한 열정의 결과물이라 할 수 있다. 이러한 책을 쓸 수 있는 사람은 극소수임에 틀림없다. 하물며 쓸 수 있다 하더라도 실제로 쓰고자 하는 사람은 더 적을 것이며, 썼다 하더라도 출판하고자 하는 사람은 더욱 적을 게 분명하다.

C. S. 루이스는 나의 양아버지로, 이미 '고통'이라는 주제에

대해 글을 쓴 적이 있다(《고통의 문제 *The Problem of Pain*》〔홍성사 역간〕). 고통은 그에게 익숙한 주제이기도 했다. 어린 시절 그이는 큰 슬픔을 겪었다. 아홉 살 적에 어머니를 잃은 것이다. 세월이 지나면서 친구를 잃는(어떤 이는 1차 대전 중의 전투에서, 어떤 이는 병으로) 슬픔을 겪기도 했다.

루이스는 또한 위대한 시인들과 그들의 사랑 노래에 대해서도 글을 썼으나, 그의 학식이나 경험은 위대한 사랑과 위대한 상실(위대한 사랑의 대극점)이 결합된 사태에 대해서는 전혀 도움이 되지 못했다. 하나님께서 우리를 위해 마련해 주신 짝을 찾음으로써 얻는 충천하는 기쁨과, 사랑하고 사랑받는다는 커다란 은혜를 사탄이 타락시키는 데서 오는 엄청난 충격과 상실이 결합된 사태 말이다.

이 책에 대해 얘기하는 사람들은 종종 무심결인지 게으른 탓인지 원제목 "A Grief Observed" 앞에 붙은 부정관사 'a'를 빼먹는 경향이 있다. 그래서는 안 된다. 왜냐하면 그 제목은 이 책의 성격에 관해 속속들이 묘사하고 있으며 그 진정한 가치를 매우 정확하게 표현하고 있기 때문이다. 부정관사 없이 그저 'grief observed'라고 하면 그것이 의미하는 바가 너무 일반적이고 구체적이지 않아 접근방법도 학술적인 것이 되어 버려서, 결국은 사별을 겪었거나 겪을 사람 어느 누구에게도 별 도움이 되지 못할 것이다.

그러나 이 책은 자기 삶에서 가장 충격적인 슬픔으로 인해 감정적으로 마비되는 상태를 파악하고자 하는, 그리하여 종국에는 그러한 마비상태를 딛고 일어서고자 하는 '한 사람'의 주의 깊은 시도를 적나라하게 펼쳐 놓은 기록이다.

《헤아려 본 슬픔》을 더욱 비범하게 만드는 요인은, 저자가 탁월한 인물이며 그가 애도하는 여인 또한 뛰어난 사람이었다는 데 있다. 두 사람 모두 작가였으며, 학문적으로 재능이 있었고, 신실한 그리스도인이었다. 그러나 이들의 공통점은 여기까지다. 하나님이 가끔 이토록 다른 사람을 한데 모으사 결혼이라는 영적인 동일체로 다시 빚어내시는 데에는 감탄할 따름이다.

잭Jack(C. S. 루이스의 애칭)은 자신의 비범한 학문적 성과와 지적인 능력 때문에 많은 사람들과 구분되었다. 논쟁이나 토론에서 그와 겨룰 수 있는 사람은 또래들 가운데 거의 없었으며, 더불어 겨룰 수 있었던 사람들은 거의 필연적이라 할 만큼 서로 이끌려 절친한 소모임을 가졌다. 이 모임은 '잉클링즈 Inklings'라고 알려지게 되었으며 많은 문학적 산물을 남겼다. 톨킨J. R. R. Tolkein, 존 웨인John Wain, 로저 랜슬린-그린Roger Lancelyn-Green, 네빌 코그힐Neville Coghill 등이 이 비정규적인 모임에 자주 출입하였던 사람들이다.

헬렌 조이 그레섬Helen Joy Gresham(결혼 전 성은 데이빗먼)은 이 책에서 H로 거론되고 있는데, 잭이 만난 여성 중 거의 유일하게 지적 상대가 될 만한 여성이자 잭만큼 대단한 독서와 폭넓은 교육으로 무장된 사람이라 할 수 있다. 그들에게는 또 다른 공통 요소가 있었으니, 둘 다 완벽한 기억력을 자랑했다는 점이 그것이다. 잭은 읽은 것을 잊어버리는 일이 결코 없었고, 조이 또한 그러했다.

잭이 받은 교육은 20세기 초반의 교육방식에 바탕을 둔 것으로, 중산층 아일랜드식(그는 아일랜드 벨파스트 출신으로 아버지는 경찰청 변호사였다)과 잉글랜드식을 섞어 놓은 것이었다. 그런데 당시는 개인적인 명예, 약속의 투철한 준수, 기사도 원칙과 예절 등을 종교적 예식보다 더 강하게 영국 청년들에게 강조하던 시기였다. 네스빗E. Nesbit, 월터 스콧 경Sir Walter Scott, 그리고 러디어드 키플링Rudyard Kipling은 젊은이 잭이 영향 받은 표준적 모범이었을 것이다.

한편 우리 어머니 조이에 대해 말하자면, 이보다 더 다양한 출신 배경이 있을 수 없을 정도였다. 조이의 아버지는 우크라이나 출신이었고 어머니는 폴란드 출신으로 두 분 다 중하류 유태인 이민 2세대였고, 조이 자신은 뉴욕 브롱스에서 태어나 자랐다. 이들의 어린 시절 성장사에서 발견되는 유일하게 놀라운 유사성이라면, 이들이 공통적으로 대단한 지력과 함께 학문적인 재능에 직관적인 기억력을 소유하였다는 점이다. 이들은 둘 다 무신론에서 시작하여 불가지론을 거쳐 유일신론을 지나서 마침내 기독교로 이어지는 길고 험한 길을 통해 그리스도에게로 왔다. 그리고 이 둘은 모두 대학생 시절 두각을 나타냈다. 잭은 1차 대전 중 국가에 대한 의무 때문에 학업을 중단한 적이 있고, 조이는 정치활동과 결혼으로 학업을 접었다.

이들의 삶과 만남과 결혼에 관해 소설이나 전기로 쓰인(때로 소설을 전기인 양 가장하거나 혹은 그 반대로) 책은 많지만, 이 책에서 다루는 이야기에서 가장 중요한 부분은 그들 사이에 자라난 위대한 사랑을 인식하게 되는 과정이다. 그들의 사랑은 점점 더 커져서 눈에 보일 듯 생생한 불꽃이 되었고, 그들은 자신들이 이루어 낸 광휘光輝 속에서 함께 걸어가는 듯했다.

이 책이 다루고 있는 고뇌를 조금이라도 이해하려면, 그리고 이 책에 나타난 용기를 조금이라도 더 이해하려면, 우리는 먼저 그들 사이의 사랑을 인정해야만 한다. 어린 시절 나는 이 놀라운 두 사람이 처음에는 친구로, 그리고 예외적으로 발전해 가면서 부부로, 그리고 마침내 연인으로 함께하는 것을 지켜보았다. 나는 그 친교의 일부였다고 할 수 있다. 그들이 결혼함으로써 한 가족이 되었으니 말이다. 그러나 그들의 사랑으로부터는 거리가 있었다. 내가 소외되었다는 뜻이 아니라, 그들의 사랑은 내가 끼어들 수 없고 그래서도 안 되는 부분이었다는 의미이다.

십대 초반부터 나는 그들의 사랑이 커 가는 것을 옆에서 지켜보았으며 함께 기뻐했다. 그 기쁨에는 슬픔과 두려움이 뒤섞여 있었으니, 조이와 잭이 알고 나도 알았던 일이지만 이 최고의 순간은 짧으며 슬픔으로 막을 내릴 것이었기 때문이다.

모든 인간적인 관계는 고통으로 끝난다는 것을 나는 아직 몰랐다. 우리가 불완전한 탓에 사랑이라는 혜택을 누리는 대신 그 대가로 사탄이 주는 고통도 받아야 한다는 것을 몰랐다. 조이가 세상을 떠나도 내게는 아직 청춘의 활력이 있었다. 나는 다른 사랑을 찾을 수도 있을 것이고 시간이 지나면 잃어버리거나 잊혀지게 될 사랑도 더 알게 될 터였다.

그러나 잭에게 조이의 죽음이란, 삶이 그토록 오랫동안 그에게 주지 않다가 마치 초라한 약속처럼 잠시 안겨 준 행복이 끝나는 것을 의미했다. (막연하게나마 나도 알고 있는 사실이었지만) 잭에게는 햇빛으로 화창한 초원이나 생명의 빛이나 웃음으로 넘치는 희망 그 어느 것도 없었다. 나는 잭에게 기댈 수도 있었지만, 가엾은 잭에게는 나밖에 없었다.

이 책에도 나와 있는, 그간 오해를 사고 있던 작은 사건에 대해 드디어 해명할 기회가 와서 반갑다. 잭은 세상을 떠난 조이를 언급할 때면 내가 마치 음란한 말이라도 들은 것처럼 '계면쩍어하는' 듯 보였다고 쓰고 있다. 잭은 자신에게 낯선 현상이라 이해하지 못했다. 어머니가 돌아가셨을 때 나는 열네 살이었고 영국 예비학교식 예절에 거의 7년간이나 젖어 있던 상태였다. 당시 내가 받았던 가장 엄한 가르침은, 공적인 자리에서 눈물을 흘리는 것이야말로 가장 수치스러운 일이라는 것이었다.

영국 소년들은 울지 않는다. 그러나 잭이 조이에 관해 이야기하면 나도 모르게 울고 말았을 테고, 그에 더해 잭도 울어 버리고 말 터였다. 그것이 내 계면쩍음의 근원이었다. 부끄럽다는 느낌없이 울 수 있게 되기까지는 거의 30여 년이 걸렸다.

《헤아려 본 슬픔》은 자신의 겟세마네 동산에 올라 적나라한 감정을 드러내는 한 남자에 관한 이야기이다. 이 책에서는 여간한 사람들은 견뎌 내기 힘든 고뇌와 슬픔에서 오는 공허함에 대해 이야기한다. 사랑이 클수록 슬픔도 크며, 믿음이 깊을수록 사탄은 더 가혹하게 그 성채를 할퀸다.

잭이 사별로 인해 고통 받을 때, 3년 동안 계속 두려움 속에 살아온 결과 정신적인 괴로움을 겪고 있었고, 게다가 골다공증 등 질병으로 인한 육체적 고통과 더불어 죽어 가는 아내를 마지막 몇 주간 계속하여 보살피느라 완전히 탈진한 상태였다. 그의 마음은 보통 사람들이라면 견디지 못했을 상상할 수 없는 긴장으로 갈갈이 찢어져 있었다.

그는 자신의 생각과 그 생각에 대한 반응을 써 내려가기 시작했고, 그럼으로써 자신의 마음을 휩쓸고 있는 혼란의 회오리를 짚어 보고자 애썼다. 그가 이 글을 쓸 때는 이처럼 격정적인 글을 출판하려는 생각이 없었다. 그러나 시간이 흐른 후 그는 이 글을 다시 읽어 보면서, 자신과 비슷하게 슬픔으로 시달리고 감정적 고난을 겪는 사람들에게 이 글이 어느 정도 도움이 될 수 있으리라 생각했다.

이 책은 처음 N. W. 클러크라는 가명으로 출판되었다. 이 책은 노골적이리만치 정직하고 꾸밈없는 단순성이 특징이며, 흔히 찾아볼 수 없는 힘을 보여 준다. 그것은 솔직대담한 진실의 힘이다.

그의 슬픔의 깊이를 완전히 이해하기 위해서는 잭과 조이가 처음 어떻게 만났으며 그들의 관계가 어떠했는지 조금 더 알아보는 것이 중요하리라 생각한다. 우리 어머니 조이와 친아버지(소설가 W. L. 그레셤)는 두 분 다 매우 지적이고 재능 있는 분이었으나, 그들의 결혼생활에는 많은 갈등과 난관이 있었다. 어머니는 무신론자로 자라났으며 공산주의자가 되었다. 그러나 어머니의 타고난 지성은 그 공허한 철학에 오랫동안 기만당하지 않았으며(이 당시 이미 아버지와 결혼한 상태였다), 비평적인 체하지 않으면서 더 실제적인 어떤 것을 찾고 있던 참이었다.

여러 작가를 폭넓게 섭렵하던 중 C. S. 루이스라는 영국 작가의 작품을 만나게 되면서, 어머니는 제도화된 세속 교회의 연약하고 극히 인간적인 껍질 속에 매우 실답고 태고적인 진실이 자리 잡고 있으며, 거기다 대면 인간이 만들어 낸 철학적 허세란 모두 폐허에 불과하다는 사실을 알게 되었다. 어머니는 또한 루이스의 글에서 비할 바 없이 명징明澄한 정신을 발견하였다. 모든 새내기 신자들이 그러하듯 어머니에게도 궁금한 것들이 있었으므로, 그것을 루이스에게 편지로 써 보냈다. 그 편지들에서도 범상치 않은 정신이 묻어나고 있었기 때문에 잭은 곧 그녀의 편지에 주목하였으며, 곧 이들 사이에는 편지를 통한 우정이 발전하게 되었다.

1952년 어머니는 십계명에 대한 책을 쓰고 있던 중이었는데[19] 오랜 병석에서 일어나 회복할 즈음에 잉글랜드로 여행하여 루이스와 그 책에 관해 토론해 보리라는 결심을 굳히게 되었다. 루이스의 우정과 충고는 아낌없는 것이었으며, 그의 형이자 역사가이며 만만치 않은 작가인 W. H. 루이스 또한 많은 도움을 주었다.

미국으로 돌아온 어머니는 결혼생활이 파탄에 이르렀음을 깨닫고 아버지와 이혼한 후, 나와 내 동생을 데리고 영국으로 날아갔다(어머니는 이미 완전히 영국 애호가가 되어 있었다). 우리는 당분간 런던에 거주하였는데, 편지를 주고받기는 하였으나 잭은 우리 집에 오지 않았고 런던에도 거의 다니러 오지 않았다. 런던은 잭이 좋아하지 않는 도시였다. 어머니와 그는 그저

---

19) *Smoke on the Mountain*, Westminster Press, 1953. 제목에 관해서는 출애굽기 19장 1절에서 19절, 특히 18절 참조.

지적인 친구 이상은 아니었다. 비록 우리 어머니도 다른 많은 사람들처럼 잭의 특별자선기금으로 적잖은 재정적 지원을 받는 입장이긴 했지만 말이다.

어머니는 런던이 살기 답답한 곳이라고 느껴 옥스퍼드에 있는 친구들 곁으로 옮기고 싶어했다. 거기엔 잭과 그의 형 '와니Warnie'(W. H. 루이스의 애칭), 그리고 케이Kay나 오스틴 패러Austin Farrer 같은 사람들이 있었다. 어머니가 이사하신 유일한 동기가 잭에게 가까이 가기 위해서였다고 한다면 너무 단순하고 지나친 생각이겠지만, 분명 그러한 요인도 한몫했을 것이다.

옥스퍼드 바로 근교인 헤딩턴에 머무르는 짧은 기간 동안은 근사한 생활이 시작되는 듯이 보였다. 우리 집은 좋은 친구들이 자주 들러 활발한 지적 토론이 벌어지는 곳이었다. 잭과 어머니의 관계가 재정비되기 시작한 때도 바로 이때였다.

잭은 조이에 대해 깊고 감정적인 유대를 느끼고 있음을 인식하게 되었으나, 그러한 유대감을 인정하려 하지 않았다. 그 주된 이유는 그러한 감정이 자기 본성과는 다른 것이라고 잘못 생각하고 있었기 때문이다. 플라토닉한 수준에서 만나는 그들의 친교는 편안하였으며, 잭의 평온한 존재방식에 어떤 잔물결도 일으키지 않는 것이었다. 그러나 그는 조이를 사랑하고 있다는 사실을 마음속으로부터 알게 되었을 뿐 아니라, 그녀가 곧 사라지리라는 사실 때문에라도 자신의 사랑을 공식적으로 공표하지 않을 수 없었다.

조이의 죽음이 늦추어지고 잭이 그녀를 너무나 사랑하게 되어 하나님의 가장 큰 선물로 조이가 잭의 세계를 가득 채우는 상황에 이른 뒤에야, 조이가 죽고 그의 삶에서 그녀의 존재가 차지하고 있던 빈 공간에 잭 혼자 남게 된 것은 잔인한 일이기조차 하다.

우리 대부분은 괴로움이 이처럼 분출되는 글 속에서 루이스가 무엇을 이야기하는지 정확히 알아듣는다. 똑같은 길을 걸었던 사람들, 혹은 이 책을 읽으며 그 길을 걷고 있는 사람들은 결국 우리가 생각처럼 혼자만은 아니라는 사실을 알게 될 것이다.

C. S. 루이스는 더할 나위 없이 명징하고 올바른 글쓰기를 하는 사람이며 예리한 정신으로 명료한 표현을 하는 사람이다. 이 책을 통해 우리는 강하고 확고한 그리스도인인 루이스조차 격정적인 생각과 느낌의 회오리에 말려들었으며, 슬픔이 입을 쩍 벌리고 있는 깊은 틈새 속에서 구원을 찾아 어지럽게 헤치고 다녔음을 알게 된다.

이 책 하나만으로도 그는 정말 복 받을 사람이다. 우리가 주변 세상에서 전혀 평안을 얻지 못할 때, 하나님께 울부짖어도 위안을 얻지 못할 때, 다른 아무 해결책도 나타나지 않을 때, 최소한 이 책은 우리가 슬픔을 맞대면하고 '조금이라도 덜 오해할 수 있도록' 도와주기 때문이다.

더욱 심층적인 독서를 위해서는 조지 세이어George Sayer가 쓴 《루이스와 잭*Jack: C. S. Lewis and His Times*》을 추천한다. 이 책은 루이스에 관한 한 현존하는 최고의 전기이다. 라일 도셋Lyle Dorsett이 쓴 우리 어머니 조이의 전기 《하나님의 임재*And God Came In*》, 그리고 (다소 양식 없는 짓인지는 모르겠으나) 내가 우리 가정사를 내부 관찰자의 시각으로 들여다보며 쓴 《렌튼 랜드*Lenten Lands*》도 권하고 싶다.

더글러스 그레셤Douglas H. Gresham

옮긴이 강유나

서울대학교 영어교육과와 동 대학원 영어영문학과를 졸업하고 〈미국 현대극의 멜로드라마적 전통에 대한 연구〉로 박사 학위를 받았다. 현재 서울여자대학교에서 교양 영어를 가르치고 있다. C. S. 루이스의 《예기치 못한 기쁨》, 《우리가 얼굴을 찾을 때까지》(이상 홍성사), 이언 와트의 《근대 개인주의 신화》, 《소설의 발생》(이상 공역), 아서 밀러의 《세일즈맨의 죽음》, 에드워드 올비의 《누가 버지니아 울프를 두려워하랴》 등을 번역하였다.

헤아려 본 슬픔

A Grief Observed

지은이 C. S. 루이스
옮긴이 강유나
펴낸곳 주식회사 홍성사
펴낸이 정애주
국효숙 김의연 박혜란 송민규
오민택 임영주 차길환

2004. 3. 30. 양장 1쇄 발행 2018. 7. 15. 양장 24쇄 발행
2019. 11. 27. 무선 1쇄 발행 2024. 11. 15. 무선 9쇄 발행

등록번호 제1-499호 1977. 8. 1.
주소 (04084) 서울시 마포구 양화진4길 3 전화 02) 333-5161 팩스 02) 333-5165
홈페이지 hongsungsa.com 이메일 hsbooks@hongsungsa.com
페이스북 facebook.com/hongsungsa 양화진책방 02) 333-5161